Ⓢ新潮新書

今井 良
*IMAI Ryo*

# マル暴捜査

727

新潮社

# プロローグ

２０１５年秋。日本最大の指定暴力団・山口組が分裂したとの報についてコメントを求める筆者に対して、ある捜査幹部はこう答えた。

「本格的なドンパチ（抗争）は絶対にさせない。あらゆる手法を用いて押さえ込む。仮に抗争が起こっても、それが激化すればするほど、取り締まりを強化することで、暴力団を壊滅に追い込むための捜査を活発化できる」

山口組の分裂は直参（じきさん）と呼ばれる幹部級の直系組長ら13人が山口組本部から絶縁、破門の処分を受けたことから始まった。山口組は、司忍（篠田建市）組長が六代目を務めており、右腕とされる高山清司若頭は収監中だった。

「分裂の一番の原因はカネ。何より組長の出身母体が全てにおいて一人勝ちしている現状に不満を抱いた幹部が謀反を起こしたとみられる」（警視庁幹部）

警察官4万3000人の陣容を誇る日本最大の警察本部、警視庁。

その中で暴力団犯罪などに対処するため2003年に作られたのが警視庁組織犯罪対策部、通称・組対（本書では特に註釈がない場合、以下、組対と記す）だ。警視庁の組対は1000人近い大所帯で地方の警察本部の職員数にも匹敵する数を誇る。

小説や映画では、警視庁や各都道府県間の警察の「縄張り争い」が題材となることがある。しかし現実は少し異なるようだ。たとえば、2012年以降、警視庁が組対の暴力団捜査のプロたちを福岡県に派遣するといった協力体制が見られる。

警視庁の旧・刑事部捜査4課、現在の組対の一部門である組対4課といえば暴力団捜査のエキスパートとして全国警察に知られている。全国の警察を指導監督する警察庁も、福岡での頂上作戦には警視庁の力が欠かせないと考えていたということだ。

この協力体制は功を奏していると言っていいだろう。2014年9月、福岡県警は県内で勢威を振るっていた特定危険指定暴力団のトップらを16年前の殺人事件に関与したとして電撃的に逮捕したが、ここでも組対の助力があったという。

「福岡でのオペレーションには日本警察の総力を挙げて臨むべく、組対の力も必要だっ

た。情報収集を中心とした捜査を下命した」（警察庁幹部）

他県の暴力団捜査に警視庁のマル暴刑事（暴力団を担当する刑事の俗称）が招集される。そこにマル暴捜査の特性がある。相手は犯罪のプロ集団だけに、情報収集は困難であり、捜査には独特のノウハウも求められる。こうした最高難度のミッションの前には、組織内のセクショナリズムなどは無意味なのだ。

もっとも、昨今は暴力団が警察への敵対姿勢を強固にした影響から、強者（つわもの）のマル暴刑事ですら、「情報」を取れなくなっている。こうした現状に組対はどう対処していくのか。そしてマル暴刑事たちは、悲願である暴力団の壊滅を果たすことができるのだろうか。

暴力団に関しては、どちらかというと暴力団側に注目した書籍が多く、それに対抗する警察側の体制については、フィクションは別にすると取り上げられないことが多い。結果として、「暴力団側の論理」のほうが多く語られているというのが現状である。

しかし、言うまでもなく組織犯罪、組織暴力は容認できるものではない。本書では組対の組織編成や捜査の手法、そして暴力団との攻防の歴史に触れながら、現在のマル暴捜査の最前線をお伝えしていきたいと思う。２０１７年、大きな議論を呼んだ「テロ等組織犯罪準備罪」の捜査に実際にあたるのも、彼ら現場の捜査員たちである。

　事件に関する人物名は一部、仮名とし敬称略とした。また肩書き、年齢等は事件当時のものであることをお断りしておく。

# マル暴捜査　目次

# 第1章　マル暴捜査のプロ集団——組対の誕生

## 組対誕生の理由

２０１３年6月14日。都内のパーティ会場に１００人近い警察関係者が一堂に会していた。

壇上に掲げられた大きな看板には「警視庁組織犯罪対策部発足10周年記念懇親会」とある。ステージ上には歴代の組対部長たちが勢揃いし、司会進行役の頼本和也・組対部長の開会のあいさつで懇親会はスタートした。

「今年で警視庁組織犯罪対策部は発足10周年を迎えました。組織犯罪対策部は全国で警視庁が先駆けて発足させたものです。10年の節目を迎えることが出来たのもひとえに皆様方の努力の賜物であります。これからも組織犯罪に対し、オール組対部、オール警視庁で臨んでいきましょう」

会場は盛大な拍手に包まれ、そこかしこにグラスがぶつかる音が響いた。

組対が警視庁に発足したのは、2003年4月1日。当時激増していた暴力団犯罪、外国人犯罪に対処しようという狙いの組織改革から作られた部署である。発足に到るまでの流れを見ていこう。

警察当局は先立つ1960年代後半から1970年代前半にかけて「頂上作戦」と呼ばれる手法、つまり暴力団の組長など幹部を徹底的に検挙することで、暴力団の弱体化を狙ったのだ。

1992年に施行された暴力団対策法（正式名称は、暴力団員による不当な行為の防止等に関する法律・以下、暴対法）も暴力団の動きを封じるための法律であり、警察当局の大きな武器となった。従来よりも厳しく暴力団関連のあらゆる行為を取り締まることができる、この法律によって借金の取り立て、博打、覚せい剤、売春など暴力団の伝統的ビジネス、つまり「シノギ」は急速にしぼんでいった。

しかしこれは暴力団のアングラ化が進むきっかけともなった。結果として、一般人を装い経済活動を始める方向に暴力団はシフトしていく。一見、暴力団とは関係無さそうに見える「フロント企業」「企業舎弟」が幅をきかせ、跋扈するようになったのだ。

「暴力団が地下に潜った。暴対法がそのきっかけになってしまった側面はある」

こう話すのは90年代後半に暴力団捜査経験のある元警視庁幹部だ。彼は暴対法の副作用によって「暴力団捜査が従来のやり方では通用しなくなってきていると感じていた」という。

例えばかつては「ここは俺のメンツを立てて引き下がってくれ」といった要請を刑事が組員にすることも可能だった。これを「馴れ合い」と批判するのは簡単だろうし、現在の視点で見れば許されないことなのだろう。しかし当時は、暴力団に関する情報を取るために組員と付き合うことが刑事達にとっての日常業務となっていた面があったのだ。

## 情報収集力の強化

「暴対法は武器になったが、一方で懐に入って得られる情報が取りにくくなったことは否定出来ない」

あるマル暴刑事もこう話した。それゆえに、何とか情報収集力を強化したいという意向が組対の発足を後押ししたのだ。もっとも未だにこの「情報不足」の問題が解決されたとは言い難い。

警察庁では2008年に全国都道府県警察で暴力団捜査や外国人犯罪捜査に携わる刑事警察官1800人にアンケート調査を行なっている。

それによると、93・0%の刑事警察官が「暴力団犯罪捜査は困難」と回答している。

主な理由として「犯罪が潜在化しがちで事件の端緒をつかむのが困難である」（65・3%）、「活動実態が不透明化し、上位者の関与等の実態解明が困難である」（61・0%）、「犯罪手口の多様化・高度化で捜査内容が複雑化している」（50・7%）などが挙げられている。表現は様々だが、突き詰めれば「情報が足りない」という話である。

## 外国人犯罪の増加

もう一つ、組対発足の推進力となったのが「中国人マフィア」の台頭であった。

平成の時代に入ると、いわゆるバブル崩壊の過程で、金融取引が絡む暴力団犯罪や、急速に増え始めた外国人による犯罪が増加していく。特に中国マフィアの活動の活発化は目覚ましく、香港・台湾マフィアをはじめ、中国大陸の上海、広東省、福建省のマフィアが密入国を繰り返していた。

不法入国者を労働力として求めた日本の暴力団の要請もあり、密入国ブローカーを擁していた福建省マフィアが特に台頭した。このブローカーがいわゆる「蛇頭」である。

彼ら中国人マフィアの犯罪は密入国に留まらず、ピッキングと呼ばれる窃盗、強盗、さらに殺人など多岐に亘った。その手口は日本人と比べて荒っぽいうえ、実行後には母国に速やかに逃亡するため逮捕が難しい。加えてかつては、暴力団と中国人マフィアは対立関係にあったが、この構図も変化した。暴対法と不況の影響でシノギに窮している暴力団が、中国マフィアに情報を流して手数料を受け取るなど両者が手を組む、いわゆる「タイアップ犯罪」が続発するようになっていったのだ。

組対設置の大きな目標の一つは、暴力団と中国人マフィアをはじめとする、こうした外国人組織を殲滅することにあったと言える。

暴力団が地下に潜り、さらに中国マフィアなどと連携を深める。そうした変化への対抗策として、警察当局が組織力を強化して臨もうとしたのが組対の設置だったのだ。

「警視庁組織犯罪対策部」の各課は次の表の通りとなる。

## 警視庁組織犯罪対策部組織図

・組対総務課
├庶務係（部内・課内の庶務、予算管理）
├組織犯罪対策企画係（組織犯罪対策の運営、企画、調整）
├組織犯罪対策管理係（組織犯罪対策の管理）
├組織犯罪対策情報係（組織犯罪にかかわる情報の運用、管理）
├組織犯罪対策指導係（組織的犯罪処罰法、通信傍受の運用）
└組織犯罪対策教養係（組対警察官の研修）
※総務課の附置機関
マネー・ローンダリング対策室（マネー・ロンダリングの捜査全般）
〈捜査第1～第3係・分析捜査第1、第2係・解明捜査第1、第2係〉

・組対1課
├第1対策係（課内の庶務など）
├第2～第4対策係（国際犯罪組織の情報収集、実態解明）
├第5～第8対策係（国際組織犯罪捜査）
└第9～第13対策係（国際組織犯罪捜査）
※1課の附置機関
不正滞在対策室（不正滞在の捜査、それに関する犯罪組織の実態解明）
〈第1～第7係〉

・組対2課
├第1捜査係（課内の庶務、航空機内の犯罪捜査）
├第2捜査係（国際犯罪捜査・共助、内外機関との連絡調整、在日米軍の犯罪捜査）
└第3～第21捜査係（国際犯罪組織にかかわる事件情報収集および犯罪捜査）

・組対3課
├暴対企画係（課内の庶務、暴対法、暴力団排除条例の適用判断）
├暴力団情報管理係（暴力団などの情報管理）
├暴力団排除第1、第2係（暴力団排除の企画運営、相談受理）
├特別排除係（暴力団排除条例違反事件の捜査）
├保護対策第1、第2係（暴力団に関連する保護対象者への警護）
├行政命令係（暴対法違反事件の捜査）
├特殊暴力対策第1、第2係（特殊暴力犯の情報収集、総会屋対策）
└特殊暴力犯捜査第1～第3係（特殊暴力犯罪の捜査）

※３課の附置機関
暴力団対策情報室（暴力団情報の収集、暴力団の指定、組織の実態解明等）
〈暴力団対策情報係・暴力団指定第１～第６係・暴力団情報第１～第４係〉

・組対４課
├暴力事件情報係（暴力団等の視察内偵、暴力団等の事件情報収集）
├広域暴力団対策係（広域暴力団に関する犯罪捜査）
├暴力犯捜査第１～第11係（暴力団等に関する犯罪捜査、群集犯罪の捜査）
├財務係（暴力団の財務を調査）
└暴力犯特別捜査係（他の暴力犯捜査の応援部隊。特命も担当）

・組対５課
├銃器薬物対策第１係（拳銃・薬物の対策本部に関すること）
├銃器薬物対策第２係（銃器・薬物犯罪の情報管理、照会）
├銃器捜査指導係（銃器犯罪捜査を指導）
├薬物捜査指導係（薬物犯罪捜査を指導）
├銃器情報係（銃器犯罪に関わる情報収集）
├銃器捜査第１～第６係（銃器犯罪を捜査）
└薬物捜査第１～第６係（薬物犯罪を捜査）

・組対特別捜査隊
└第１特別捜査班～第12特別捜査班（偽造カード犯罪、関東連合等に関する捜査）

## 36年ぶりの新設

組対の設置は、警視庁の新たな部の誕生としては、1967年に警ら部が設置されて以来、実に36年ぶりのことだった。発足時の組織の陣容はおよそ960人。部長にキャリア（警視監）とノンキャリア（警視長）が交互に就任する人事が現在まで続いてきた（初代と2代目部長はともにキャリア）。2017年1月現在、警察庁から出向するキャリアの内藤浩文警視監（1986年警察庁入庁）が部長を務めている。

組対部長を補佐するのが「組対部参事官」。階級では警視正クラスのノンキャリアで、暴力団捜査のエキスパートが就任するのが慣わしである。

それにしても、従来から暴力団捜査を専門としている部署は存在していたのに、なぜわざわざ新しく部署を作る必要があったのだろうか。

その最大の理由は「組織の縦割りの弊害」にあった。

前述したように、1990年代以降は、「蛇頭」など外国人による犯罪が横行していた。警視庁内でもこうした組織犯罪にはそれぞれ「カウンターパート」となる部署があたっていた。

例えば刑事部の「国際捜査課」は主に外国人による強行犯（殺人や強盗など）の捜査を担当していた。この国際捜査課は「組対2課」の前身にあたる部署だ。

一方で、公安部もまた「外事特別捜査隊」を1998年に新設。外国人犯罪に対処していた。彼らの主な業務は密航組織「蛇頭」に的を絞った捜査、そして非合法な取引を行う「地下銀行」の摘発だった。こちらは現在の「組対1課」の前身にあたる。

このように刑事部、公安部がそれぞれ独自に対応していたところを、それらの垣根を取り払うことでより捜査力を高め、組織の総合力を発揮しようという考えのもとに作られたのが組対だったのである。

### 刑事部と公安部の対立

「捜査4課が刑事部からバラされるなんてどういうことだ！」

長年、暴力団捜査の主力だった刑事部の「捜査4課」が「組対4課」に「衣替え」されることに、当時の関係者の多くが不満を口にしたという。

マル暴捜査といえば捜査4課の独壇場というのが、組織内での常識だったため、プライド高き伝統のマル暴刑事集団が「寄せ集めの部隊」の一つになることに主にベテランから強烈な反発の声が上がった。

彼らには公安部へのアレルギーがあったからだ。刑事部と公安部の対立は、フィクションの世界でお馴染みの構図だが、現実にも存在している。その伝統的な対立が組対の発足の際に改めて表面化したのだった。

そもそも刑事部の捜査と公安部の捜査は手法が180度違うと言ってもいい。

刑事部では聞き込みなどで「証言」を集め、現場から「ブツ」と呼ばれる証拠品などを徹底的に採集してホシを追いつめるのが伝統的な捜査手法だ。

一方の公安部は犯罪組織の一網打尽をねらうために、敵対する組織の内部に協力者を獲得して情報収集し、さらに泳がせて一斉検挙を狙う手法を得意とする。

犯罪の摘発という大目標は一致していても、手法が異なるため、時には衝突することもあった。その二つの組織が合体するのは容易なことではなかったのだ。

そして組対発足の際、組織の存続という点で見ると刑事部が敗北し、公安部が勝利したという見方がある。元警視庁幹部は言う。

「刑事部が4課も含め三つの課が組対に吸収されたのに公安部は一つだけだ。公安部は自分たちの既得権益を守った」

こうした不満の声が刑事部のあちこちから上がったという。中でも国際捜査課の統合には、刑事部から根強い抵抗があったとされている。

国際捜査課は1988年の発足以来、外国人犯罪、とりわけ凶暴化する中国人マフィアの情報収集に力を発揮していた。刑事部関係者はこう振り返る。

「国際捜査課の中国人犯罪データは2003年の時点でも相当蓄積されていた。マフィアの出身地別の人脈図、顔写真、相関図など日々厚みを増していた。同じ刑事部の課の間なら情報共有はしやすかったが、部が変わってしまって果たして上手くいくのだろうかと考えたのは事実。統合によって、〝虎の子〟とも言うべきデータを持っていかれていい気はしなかった」

現場レベルの不満について、当時の警視庁幹部は「そういう批判は織り込み済みだった」と話す。

「警視庁は大組織ゆえに、自分の持ち場についてどうしてもタコツボ化していく。しかし、対する犯罪組織側は、暴力団、外国マフィアがそれぞれ反目していたかと思えば、手を組むなど、自在に形態を変えて新しい犯罪に手を染めている。自然、横断的な捜査の必要性に迫られたんだ。それぞれのセクションが情報を抱え込み、捜査に支障をきたすこともあったし、対象組織が暴力団以外にも広がりすぎた。そのための組対の設置だった。刑事部系、公安部系からなる大所帯だが、組対総務課を司令塔に据えて、人材や情報の管理を一元化している」

幹部の話にあるように、組対総務課が統括部門とされるゆえんはその体制に見て取れる。

総務課長には主に暴力団捜査に精通したキャリアが座り、補佐役のナンバー2の理事官は刑事、公安の経験が豊富なノンキャリアがつく。キャリア課長は警察庁からの組織犯罪捜査の方針を部内に通達する。総務課の「幕僚」にあたる課員が予算管理や人材配置、更には情報の取り方の指導を一手に担っている。

ちなみに「総務課」という名称は、一般的な会社組織では庶務の業務を指すが、警視庁では公安部公安総務課が単なる庶務部門ではなく情報捜査の部門とされているように、組対でも「総合的な業務」を担う部門がこの組対総務課となる。

ここまで見たように、組対は広範囲に広がった犯罪情勢とそれに対処するための総合的な組織を作らなければならないという「組織の焦燥感」のもとに誕生したと言えるだろう。

# 第2章　頂上作戦から暴対法まで——警察対暴力団の攻防史

## 警察の頂上作戦

ここからは警察と暴力団の攻防の歴史を見ていこう。

警察当局が指定暴力団の中で最も警戒しているのは、今も昔も言わずと知れた日本最大の規模を誇る組織、山口組である。

山口組にとって、血で血を洗う抗争の歴史は、同時に警察との戦いの歴史でもあった。警察は組幹部を徹底して摘発する「頂上作戦」を通じて、常に組織の実態把握、監視、そして摘発を進めて来た。

その始まりは１９６４年2月実施の「第一次頂上作戦」である。東京五輪開催を控え、日本が大きく成長に向かって走り出したこの年に、警察庁は「暴力団取締対策要綱」を全国の警察に通達した。暴力団対策の大きな柱とされたのは、以下の四つである。

1　親分・大幹部の検挙
2　資金源の追及
3　凶器の摘発・押収
4　対立・抗争事件の早期の鎮圧

警察庁はこの通達と同時に、広域暴力団として山口組など10の団体を指定している。この「頂上作戦」の狙いは、それまでの形式的な「暴力団狩り」とは性質を異にしていた。組幹部の徹底した検挙、組の資金源を封鎖して、暴力団を壊滅させるという警察当局の意向があった。

政治と暴力団

この第一次頂上作戦は、山口組など暴力団に大きな影響を及ぼす。
1964年から1966年に検挙された組員は延べ約17万人、解散団体は合わせて7

００団体に上った。これは全国の組員が少なくとも一度は検挙された計算になり、警察当局が指定団体のみならず下部団体を含む、国内ほぼ全ての暴力団への徹底した捜査を行なったことになる。

それまでの形式的な暴力団捜査が変質したのはなぜか。それは「政治と暴力団のつながり」が転機を迎えていたことに起因する。

戦後の保守政治の流れは、党人派と官僚派に二分されていた。それぞれの出身が名称の起源となっているのだが、党人派には暴力団と深いつながりを持っている者が多く存在した。

１９５０年代には、武装路線を主張する当時の左派勢力に対抗するため、警察力を補おうと暴力団組員らから成る「反共抜刀隊」の結成が党人脈派閥によって画策されたこともあった。この計画は、吉田茂首相に反対されて、幻に終わることとなったが、政治と暴力団の距離の近さを物語る事例だと言えよう。

また、官僚派閥が政治の主流となる中で、党人派は党内抗争にも暴力団を用いるケースがあった。暴力団を利用して、時の政権批判を繰り広げたのだ。危機を感じた官僚派が暴力団摘発を強化し対抗しようとしたという面もある。

しかし、こうした摘発が強化され始める前に、山口組はすでに「コングロマリット化（複合企業化）」していた。

組の原点とも言える地元・神戸の港湾荷役業をほぼ独占したのみならず、建設業、金融業、果ては芸能業にも足場を固めていたのだった。

第一次頂上作戦で山口組も幹部の相次ぐ逮捕など、打撃を受ける。しかし、山口組は警察当局からの解散の提案には応じなかった。肥大化していた組織をスリム化する方針転換をはかったと見せかける作戦に転じ、これまでの資金獲得を細めて続けていくと同時に、その背後で「フロント企業」によるビジネスモデルを生み出すのである。

## フロント企業への変身

フロント企業とはもともとは警察用語で、それ以前は「企業舎弟」と呼ばれる存在であった。１９６０年代当時の田岡一雄・山口組三代目組長が、その産みの親とされている。

フロント企業とは、暴力団の組員が企業経営の前面に立たず、背後で影響力を行使、また支配している企業のことを指す。暴力団の周辺関係者が社長や社員を務めるケースが多く、暴力団との関わりは表の資金の流れを追っても見えにくい。フロント企業による活動は、現在も暴力団の主要な資金獲得手段である。

厳密に言えば、フロント企業と企業舎弟はイコールではない。企業舎弟は、例えば「○△興業」などと組の名前を冠して、暴力団関係の企業であることを暗に周囲に示し威嚇していた。しかしフロント企業は、社名からも暴力団の色を消し去っているため、一般の人には、それだとはわからない。

捜査関係者によると、フロント企業の約7割は「不動産業」「金融業」で、残りを「卸売業」「販売業」が占めていて、扱う商品も輸入雑貨、健康食品、貴金属、絵画など多岐にわたっているという。

その後も警察による頂上作戦は1970年、1975年と二度実施される。その後、1980年代半ばから山口組は、東京にフロント企業の事務所を相次いで開設していった。

警察庁はこうした暴力団の動きに対抗する形で、1992年から暴対法を適用させ、暴力団の活動に網をかけていく。同法は、暴力団を「指定暴力団と指定」することで、暴力団員が行なう不当な金品の要求などの「暴力的要求行為」の禁止、対立抗争事件に伴う暴力団事務所の使用制限、少年への加入強要の禁止など多面的な対策を可能にした。

ちなみに指定の要件は、「資金獲得のために威力を利用することを構成員に容認していること」「犯罪経歴の保有者が一定の割合以上存在していること」「代表者等の統制のもとに階層的に構成されていること」となっていて、これら三つを全て満たせば「指定暴力団」となる。

### 訴訟団結成で対抗

暴対法に対して、当初、暴力団側は表舞台で戦う姿勢を見せていた。

山口組などの暴力団は暴対法の成立以前から、暴対法の研究に着手。1991年には、山口組など四つの組の最高幹部が集まり「暴力団サミット（俗称）」を開催した。ここで彼らは「平和共存」し、抗争を行なわない方針を決定している。参加した組の中には、宗教法人、政治結社の設立など、合法的な法人への転身をはかろうとする動きを見せる組もあった。

一方その頃、既に日本最大となっていた山口組はこのサミット後の1992年、「我々は暴力団ではなく任俠団体」であるとして、兵庫県公安委員会を相手取り、指定取り消しと暴対法の執行停止を求める訴訟を起こした。「暴力団」というのは、あくまでも警察側が貼ったレッテルに過ぎない、それをもとに任意団体である「山口組」を取り締まるのは権力による弾圧だ、という論理だ。

この法廷闘争のために、何と総勢１５０人余の弁護団が結成される異例の事態となったのである。

しかし、９回目の公判の前日の１９９５年1月17日。未曾有の阪神・淡路大震災が発生し、公判は延期となる。その訴訟に証人として出廷する予定だったというジャーナリストの猪野健治氏は、当時の山口組若頭が述べるはずだった尋問書を自著に引用している。

「組を犯罪集団といい非難するが、本末転倒の理屈だ。犯罪者、前科者、前歴者として、彼らを排除し、疎外し、差別して受け入れを拒否しておきながら、彼らを受け入れた組を犯罪者集団と非難するのは偏見に満ちたひどい曲解だ。組が受け入れなければ、彼らはどこで生きていけるのか。（中略）彼らが生きるため飯を食うために現在以上に犯罪に走ることは必然ではなかろうか」（『山口組概論』）

暴力団を「犯罪者集団」だと非難するが、そうしたはぐれ者を社会が受け入れないからこそ身を寄せる場が必要なのだ、という主張である。これは、暴力団を「必要悪」と考える論者には根強い論理である。

この訴訟、山口組は最高裁まで争う予定だったようだが、最高幹部会で「警察の追及がますます厳しくなるばかりだ」などといった反対意見が多数を占め、後に訴訟を取り下げている。これが山口組がフロント企業進出を加速させていく一因となり、暴力団の活動は経済分野でも活発化していく。

## 警察の攻勢

警察側も攻勢をより一層強めていった。暴対法に基づき、末端の組員が起こした抗争事件について、組幹部を「共謀共同正犯」(共犯)と位置付けて次々と逮捕していったのだ。例えば、ボディガード役の組員が拳銃を所持していれば、それだけで組幹部も連座させられ、罪に問われるということだ。

もう一つは抗争における、民法715条に基づく「使用者責任」の適用だった。組員の不法行為について、組織のトップである組長に賠償責任を負わせるというものだ。末端の組員が勢いで何かを破壊すれば、その賠償を組長がしなくてはいけなくなる。

警察によるこうした包囲網が功を奏し、山口組をはじめとする暴力団の抗争事件は減っていった。

しかし、それによって暴力団がより深く地下に潜って行ったのは、ここまでに述べた通りである。組の名簿を廃止し、看板も外したことで、一見、暴力団は減ったように見える。ところが実際には、警察の目が届かない「裏事務所」を設置し、拠点として活動を続ける組が大半であった。

そして、そのせいで、動向を監視してきたマル暴刑事たちにも、組織の活動実態が見えにくくなってしまった。

もちろん、地下潜行の可能性があるからといって、取り締まりをしないわけにはいかない。暴力団対策の難しさはここにある。

## ヤクザマネー

バブル期から２０００年代にかけて、表舞台での動きを抑えて潜行し続けていた暴力団は証券市場で資金獲得を画策するようになった。2007年には、こうした動きに着目したNHKスペシャルの番組がきっかけで、「ヤクザマネー」という言葉が流布するようにもなった。

特に暴力団の周辺で証券取引の指南役となったのが、元銀行員、元証券会社員やデイトレーダーなどの一般人の協力者、いわゆる「共生者」である。その多くは、所属していた会社を不祥事で解雇された者や、多額の借金を抱えた者などだった。暴力団は多額の報酬と引き換えに、彼ら共生者を組織の内部に組み込むことに成功した。

ヤクザマネーが市場に流入するようになったきっかけは、1996年の「日本版金融ビッグバン」とされている。金融市場の規制緩和が進み、ベンチャー企業の育成が奨励され、新興市場が相次いで開設された。この新興市場は上場への審査が甘いこともあって、フロント企業が入り込む余地があった。表向きは「ベンチャー企業」であるフロント企業が、市場の金を組織に還流させていったのだ。

## 暴対法改正による対策

ここまで暴対法と一口に述べてきたが、同法はこれまで時代に即し改正されてきた。

その変遷をここで整理しておこう。

１９９２年の施行以降、１９９４年、１９９８年、２００５年の改正で、暴力団員に対する規制行為は次々と追加されていった。当初11だった規制対象となる行為は、現在は27にも及ぶ。

1　口止め料を要求する行為
2　寄付金や賛助金等を要求する行為
3　下請参入等を要求する行為
4　縄張り内の営業者に対して「みかじめ料」を要求する行為
5　縄張り内の営業者に対して用心棒代等を要求する行為
6　利息制限法に違反する高金利の債権を取り立てる行為
7　不当な方法で債権を取り立てる行為
8　借金の免除や借金返済の猶予を要求する行為
9　貸付け及び手形の割引を不当に要求する行為
10　信用取引を不当に要求する行為

11 株式の買取り等を不当に要求する行為
12 預貯金の受入れを不当に要求する行為
13 地上げをする行為
14 土地・家屋の明渡し料等を不当に要求する行為
15 宅建業者に対して不動産取引に関する不当な要求をする行為
16 宅建業者以外の者に対して不動産取引に関する不当な要求をする行為
17 建設業者に対して建設工事を不当に要求する行為
18 集会施設の利用を不当に要求する行為
19 交通事故等の示談に介入し、金品等を要求する行為
20 商品の欠陥等を口実に損害賠償等を要求する行為
21 役所に対して自己に有利な行政処分を要求する行為
22 役所に対して他人に不利な行政処分を要求する行為
23 国等に対して自己を公共工事等の入札に参加させることを要求する行為
24 国等に対して他人を公共工事等の入札に参加させないことを要求する行為
25 人に対して公共工事等の入札に参加しないこと又は一定の価格で入札することを

要求する行為

26　国等に対して自己を公共工事等の契約の相手方とすること又は他人を相手方としないことを要求する行為

27　国等に対して公共工事等の契約の相手方に対する指導等を要求する行為

２００８年の改正では「指定暴力団の代表者等の損害賠償に関する規定」が整備され、組長らへの損害賠償請求について、被害者側の立証負担を軽減した。

また、２０１２年の五度目の改正では「市民に対する危害の防止」を掲げて「特定抗争指定暴力団」「特定危険指定暴力団」の指定制度を導入している。

前者は、警察が暴力団の警戒区域を定め、区域内での事務所の新設及び既存の事務所への立ち入りを禁止するほか、対立相手の組員の居宅付近のうろつき等を禁止しており、違反すれば3年以下の懲役等の処罰が科される。

後者は、警戒区域内でのみかじめ料要求等の暴力的要求行為を禁止するほか、損害賠償等の請求妨害行為を禁止している。こちらも違反すれば3年以下の懲役等の処罰を受ける。ちなみに２０１６年11月現在で、九州で猛威を振るう五代目工藤會が国内で唯一、特定危険指定暴力団に指定されている。

## 警察の弘道会対策

「弘道会の弱体化なくして山口組の弱体化なし。山口組の弱体化なくして暴力団の弱体化なし。弘道会やその傘下組織の上級幹部逮捕、主要な資金源の遮断を徹底して弘道会の壊滅を現実のものとされたい」

2010年秋、警察庁長官は、全国のマル暴捜査担当幹部らを集めた全国暴力団捜査担当課長会議の席上で、このように発言した。この通達は、いまも全国のマル暴刑事にとっての金科玉条となっている。

弘道会は、六代目山口組トップとナンバー2の若頭の出身母体で、愛知県名古屋市に拠点を置く。現在の山口組の屋台骨とも言える組織だ。そして、弘道会は警察に対して対決姿勢を鮮明にしてきた組織でもある。

「彼らは捜査員の氏名、階級、住所、電話番号など個人情報を徹底的に収集していた。取り調べに当たる捜査員を逆に恫喝するなど、捜査の妨害をする。さらに取り調べにも黙秘したり、ガサ入れ（家宅捜索）の際にも部屋の入り口に立ちふさがったりと妨害を

図るようになった。警察に対し徹底的に対抗するようになったのは弘道会が始まりかもしれない」（警察関係者）

こうした弘道会の特徴を象徴的に示した事件がある。

愛知県警が２０１１年から２０１３年にかけて弘道会傘下の風俗店グループの実質的経営者の男らを逮捕した時のことだ。捜査の過程で判明したのは、経営者の男らが弘道会の支援を受け、捜査員への脅迫を画策していたという事実だった。

発端は経営者の男が自宅を新築するのに際して、建設が進まないのは愛知県警の暴力団担当刑事のせいだと考えるようになったことだった。経営者は、その刑事に「かわいい娘がどうなっても知らないぞ」と脅迫電話をかけたのである。

捜査で浮かびあがったのは、「情報屋」とされる探偵業者の存在だ。捜査員の電話番号は携帯電話の販売店から入手、住民票は司法書士事務所から入手するなど、闇の情報ネットワークでマル暴刑事の個人情報を丸裸にしていたことになる。

さらにその後の捜査でこの情報ネットワークには、ハローワークの職員を通じた職歴情報や、ある県の行政担当者を通じた住民情報などさまざまな情報の入手経路があることも判明。愛知県警のみならず、警察庁に激震が走った。

衝撃はこれだけに留まらない。2013年には弘道会と愛知県警捜査1課の警部との捜査情報をめぐる癒着が明らかになり、警察内部の内通者の存在が明るみに出たのだ。元愛知県警幹部は言う。

「暴力団に捜査情報を提供していたとして、地方公務員法違反容疑で捜査1課の幹部が逮捕されるまでの事態に発展したことで、刑事部にも激震が走った。それ以前でも愛知県警の組織犯罪対策局のマル暴刑事たちは昔ながらの情報取得が得意で、一線を引けずに取り込まれていった人たちが多かったのは間違いない。しかし、捜査1課の刑事にまで手を伸ばしていたのは驚きだった」

この幹部は、公判で将来の捜査に役立つ可能性を考えたと弁明し、また「警察内はまだ暴力団関係者と癒着している人間が多数いるのに、なぜ私だけなのか」と話した（中日新聞2014年11月22日記事）。

## 「捜査」か「癒着」か

暴力団と警察の癒着の問題は昔から指摘されてきた。元北海道警の警部で銃器対策に当たった経験を持つ稲葉圭昭氏は自らの体験を踏まえ、著書『警察と暴力団　癒着の構造』で、その現状について記している。


「捜査か、癒着か――。

愛知県警の問題に限らず、警察官組織にとっては暴力団との〝接触〟はこの線引きが難しい。とはいえ、今、私がこの関係を聞かれれば、『癒着』と答えるしかない。

暴力団に近づいて情報を取るのは、非常に危険である。ヤクザも警察官もお互いに相手を利用しようと思っているのだから緊張感はあるし、足をすくわれる可能性だってある。

（中略）一緒にメシを食って話を聞いていると、彼らの〝弱さ〟を感じて、なんとなく同志のような関係になってしまうし、関係を築いていけばさらに親近感を感じる。このシンパシーは多くのマル暴刑事が感じるものらしい。というのも、マル暴刑事の行動や外見が、年を経るにつれてとともに組員とどんどん似ていくからだ。組事務所にガサ入れ（＝家宅捜索）に入る捜査員のニュースがテレビで流れたとき、誰が警察で誰が組員か分からないなんて話を聞くが、まさにそれだ」

「人間は誰しも弱いところがある。『暴力団捜査』は危険な捜査であり、意図せずに規則を越えてしまうことは、ある意味仕方ない面がある。幹部たちは現場で頑張っている警察官の気持ちを汲み、意思の疎通や話し合いを持つべきだろう」

組対の捜査関係者も複雑な思いを吐露する。

「マル暴捜査はいま情報が取れなくなっていることは確かだ。ミイラ取りがミイラになるリスクはあっても、相手の懐に入って情報を得る協力者対策は依然として大事な手段であることに変わりない」

情報を取ることは重要だが一線を越えてしまうと癒着となる。しかし、線引きは難しい。ぎりぎりのせめぎ合いを、今この瞬間にも全国のマル暴刑事たちが行なっている。

### 暴力団の情報収集力

「あんたたちがのどから手が出る程ほしい情報を持っている。それは保証する」

指定暴力団の元組長であるとされるZ氏は電話口で筆者にこう話した。

2015年。暴力団が関与したとする強盗事件の取材にあたっていた際に、ある人を通じて紹介してもらったのだった。

ドスの効いた低く重い声。電話の向こうからも剣呑な様子が伝わってくる。

Z氏は電話ではあったが筆者の取材に応じた。その中で気になることを口にしたのである。

「暴力団の情報ネットワークは速いよ。いろいろなところとつながっているから」

Z氏はこうも付け加えた。

「うちの場合は、シノギに関わる情報網からいろいろなネタを仕入れているよ。それに刑事さんともつながっているからね。警察にどう対抗するか、真剣に考え始めてるよ」

このように、暴力団が資金獲得のための情報のみならず、警察の情報を積極的に取ろうとする動きも目立つようになっている。

捜査関係者によると、関西のある暴力団には実際に情報収集などを行なう専門の「秘密部隊」が置かれているのだという。

「逮捕歴の無い独身の組員が選抜される。対象者の尾行、住居の確認など警察のような動きをする。そして襲撃を専門に行なうチームも部隊の中に存在している」

暴対法などで警察が包囲網を狭める中、暴力団側も情報収集力をより強化して対抗してきているのだ。

# 第3章　情報こそすべて——組対の捜査手法

## ガサ入れ捜査

警察は法に基づいて被疑者を逮捕するが、暴力団をはじめとする組織犯罪集団の場合、まさに「組織」「グループ」が捜査対象である点が特徴と言える。組織犯罪には、それに適した手法で臨まなければならない。ここからは組織犯罪に対する具体的な捜査手法をいくつか見ていこう。

暴力団員が関与した犯罪では、家宅捜索・ガサ入れを組事務所などに対して頻繁に行なう。捜査員が「大名行列」のように隊列を組んで一斉に建物に入っていく、警察による家宅捜索の場面はニュースなどで度々報じられるのでご存知の方が多いだろう。筆者が現場で取材した、組対のガサ入れの様子を再現してみよう。

２０１1年7月某日午前6時半。神奈川県横浜市内の簡易宿泊所が集まるエリアに、旭日章が前方に付けられた白とブルーの警視庁機動隊の大型バスが3台到着した。その後方には、シルバーやブラックの覆面パトカーが5台続く。街の住民たちは何事かと驚いた様子で立ち止まり、車列を呆然と見つめていた。

バスや覆面パトカーからはエンジンカッターを手にした隊員、それに警視庁と書かれた赤と黒のベストを着た組対4課の捜査員が次々と降りてくる。その数は刑事部捜査1課の捜査員も含めると総勢50人。先頭の捜査員は「組織犯罪対策4課管理官」の腕章を身につけている。腕章には「警視」を表す太い線が1本入っている。現場では最も階級が高く、かつ捜索の「指揮官」であることをアピールしている。

現場に降り立った管理官は腕時計を見つめている。東京地裁が発付した家宅捜索令状（ガサ状）の執行・着手の時間を読み上げるためである。

家宅捜索は、およそ2ヶ月前に東京・立川市にある警備会社で起きた強奪事件に関する犯人隠匿容疑に関連したもの。この事件では史上最高額の6億円が強奪されていた。

それまでに警視庁立川署捜査本部は暴力団関係者数名を逮捕していたが、なおも行方がわからなくなっている元・同組員の男（37）をかくまっている疑いがあるとして、この場所に本部事務所を構える指定暴力団2次団体の組事務所への家宅捜索を決行したのである。

管理官を先頭に、マル暴刑事たちが列をなして事務所の前にたどり着く。

管理官がインターホンを押す。付近は完全武装の機動隊員によってものものしく固められ、エンジンカッターを手にした機動隊員もスタンバイする。

辺りに緊張が漂う中、事務所の扉が開き、作業服姿の組員数名が出てきた。

捜査員をじっと見つめる組員たち。管理官は中心にいる年配の幹部に重々しく告げた。

「立川の6億円強奪事件に関連し、男を匿っている疑いで裁判所から令状が出ている。事務所内をあらためさせてもらう」

家宅捜索令状を読み上げている最中、列を成す捜査員らは真剣にその様子を見つめている。

幹部は納得がいかないのか、何事かをまくしたて始めた。

対する管理官は、「こちらはある程度のネタがあってガサかけるんだ。おとなしく従った方がいい」と冷静に言い放った。

にらみ合う組幹部と管理官。緊張感が報道陣にも伝わる。目を先にそらしたのは組幹部だった。

「写真担当、先に入って」と管理官が言うと組対４課の捜査員２名が、護衛役の機動隊員２名を引き連れ先に入って行く。

２階にあがった捜査員が窓を開けて、ＯＫサインを出した。

「7時32分。捜索着手！」

管理官が高らかに叫び、続々と事務所の中に入って行く。

この後30分にわたる捜索が行なわれ、段ボール箱を抱えた捜査員が出てきた。

## 家宅捜索の持つ意味

目当ての男は事務所内部にはいなかった。家宅捜索は空振りしたかに見えた。しかし、だからといって無意味だったわけではない、と語るのはある捜査員。

「もちろん、このガサでは、逮捕状が出ている元組員を探し、その男に関する資料などを押収する、というのが表向きの目的だった。しかしガサの本来の目的は定点観測なんだ。事務所というのは暴力団にとっていわば砦。中をあらためることでいろいろな情報が得られる」

具体的にはどのような情報か。

「事務所に構成員はどれくらいいるのか。それを知るには、最近は掲げないところも多いが、所内の名札もポイントだ。赤字破門、黒字破門の有無も分かる場合がある。拳銃が出てくる事もある。そして何より直接組員の顔を拝めるから」

赤字破門とは「本当の破門」、黒字破門とはいわゆる「偽装破門」のことである。暴力団組織は組の規律に反した組員を破門する。破門状が全国全ての暴力団組織に「通達」されると、組員はその組織には二度と戻る事はできない。これが赤字破門である。

一方、何らかの事情で、組員を破門したように見せかけるのが黒字破門である。組織は表向き、「こいつとは関係ない」とするが、裏ではつながっているというわけだ。

本件の捜索容疑となった立川での6億円強奪事件はこの黒字破門の組員が関わったとされている。

黒字破門の組員ならば、家宅捜索で得た情報は、所在をつかむために大いに役立つ。この事件のケースでも、組が男への逃走支援を行なっていた可能性が高いと捜査関係者は見ていた。

ガサで得られた情報とは直接リンクしていないとみられているが、結局この逃亡犯は家宅捜索からおよそ２週間後の２０１１年７月末に潜伏先の栃木県内で逮捕されている。男は捜査本部の調べに対して「知人を頼ってここまで流れ着いた」と供述。逮捕時には38口径と22口径の拳銃合わせて２丁を所持していた。

「最終的な逮捕者は20数名に上ったが、奪われた現金のうち３億円余りがいまだに発見されていない。すでに上部団体に流れた可能性も捨てきれない」

揺さぶり

ここで一つの疑問が浮かぶ。組事務所は、何かきっかけがあれば家宅捜索の対象になりやすい。それはさすがに当事者である暴力団側はよく知っている。であるならば、そんなところに重要な情報は置いていないのではないか？

この点について、組対の捜査員はこう解説してくれた。

「組織を揺さぶるのに我々はさまざまな方法を使わないといけない。相手側もいまはシノギもきつくなり、警察に対して拒否するだけでなく逆に攻撃を仕掛けてくる気配もあるくらい。ガサ入れは組織にプレッシャーをかけることができる、マル暴捜査の基本であり有効な手段だ」

相手の嫌がることをやる、というのは闘いの常道である。そう考えれば、家宅捜索はたとえ情報が取れなくても意味がある、ということだろうか。

さらに別の捜査関係者は「ガサは意地のぶつかり合い」だとも語る。

「報道陣が沢山いる前では向こうも張り切る。彼らはメンツを重んじるから、すんなり協力はしない。大きな声では言えないが、肝になる証拠は隠していることが多いから、事務所に保管されていることはほとんどない。我々もそれらをふまえた上でガサ入れしている」

もちろん裁判所が発付した家宅捜索令状を示した上で、立件に向けたさまざまな証拠を集めるためのガサだが、本質は「マル暴流の定点観測」なのだ。

全国の警察は、山口組が分裂した2015年8月から2016年3月までに指定暴力団に指定するための情報収集、実態把握のために各地の神戸山口組の事務所を家宅捜索している。警察庁によると、分裂からわずか3ヶ月の間に神戸山口組と六代目山口組の関係先のべ103ヶ所が警察当局の捜索を受けている。

## エスを運用

組織犯罪捜査では通常以上に、情報収集に重点が置かれている。その手段で重視されているのは「協力者対策」である。協力者とは組織内部の情報を警察に提供するスパイ（警察内部では「エス」と呼ばれている）のことだ。

「かつては暴力団の事務所にぶらりと立ち寄って、お茶を飲めるくらいまで関係を築ける刑事たちも多かった。しかし度重なる暴対法の改正、そして暴力団排除条例も全国に張り巡らされたことで、暴力団も完全に殻にこもるようになっている。そこでますます情報を取るために協力者、つまりエスの運用が重要になってくるんだ。いい意味での持ちつ持たれつが成り立っていたかつてとは違い、情報の取り方が明らかに変わって来ている」（元警視庁幹部）

どのように協力者を獲得していくのか。

「基本的には暴力団の共生者をエスとして運用する。共生者は元暴力団組員、風俗店経営者など暴力団のシノギと呼ばれるビジネスに関わる人物が一般的だが、元証券マン、司法書士、税理士、それに弁護士といった〝士業〟の者も含まれている」

そう語る捜査関係者によると、共生者を情報提供者として「運用」することがマル暴刑事たちには求められているという。

具体的には次のような流れで協力者を育成していくとされる。エスとする候補は末端から幹部クラスの暴力団員、元暴力団員、暴力団が関わる事件関係者・周辺者から主に選ばれる。

これらの関係者については徹底的な調査を行なう。組対では、マル暴刑事がエスを獲得する前提活動として、「出身地」「学歴」「親族・交友関係」「通信・通話履歴」、果ては「趣味嗜好」「性癖」まで調べ上げて、その人物の全てを丸裸にする。その調査の結果をもとに接触をはかり、数ヶ月からおよそ1年をかけて「信頼関係を醸成していく」というのだ。

「組織内部の小さな情報から得ていく。エス本人に秘密を話しているという自覚をさせないほど、関係を築けるのがプロの技」（捜査関係者）

対象組織の内部の関係者や共生者のみならず、エスの対象としてあらゆる分野への積極的な接触が捜査の現場で推奨されているという。

マスコミ関係者もエスとしての運用が推奨されている。新聞、テレビの記者をはじめ、週刊誌の編集者、暴力団に詳しいライターや風俗関係のライターなども対象となっている。

警視庁幹部は言う。

「マル暴捜査とは地取り（聞き込み）、鑑取り（人間関係の調査）と呼ばれる刑事部的な捜査と協力者対策、つまり公安部的な情報収集力を併せ持つハイブリッドな捜査なんだ。協力者を多く開拓し、筋の良い情報を取って来る刑事が優れたマル暴刑事として評価される」

暴力団が警察との接触を極力避ける傾向にある中で、協力者対策、情報収集は依然として要となる担当業務なのだ。

### 公安捜査にシフト

エスに関する記述から、勘の鋭い読者は、公安捜査を連想したかもしれない。「協力者を獲得し運用する」という手法は伝統的に公安警察官の十八番であった。

公安警察は、警察庁警備局を頂点に全国一体の原則を貫く「国家警察的」セクションとされている。とりわけ、警視庁公安部は人員、その組織力ともに日本最強の公安警察部隊として知られている。そして、その真骨頂は、この「協力者獲得作業・運用」と言っても過言ではない。

通信傍受や秘撮、暗号解読、鍵開け、対象者への徹底した尾行。公安捜査は「スパイ活動」そのものと言える。本来、その目的は「国家を揺るがすような犯罪を未然に防止すること」とされている。

公安警察には警察庁が取り仕切る全国の公安捜査ネットワーク機関の「チヨダ」と呼ばれる組織も存在する。かつての「陸軍中野学校」の流れを連綿と受け継ぐ機関とされ、チヨダに選出されるメンバーは全国警察から選ばれたエリート公安捜査員だ。警察庁警備局警備企画課の第2担当理事官がトップの「校長」とされている。

1986年の共産党国際部長宅の通信傍受事件では、神奈川県警警備部に所属するこのチヨダのメンバーが工作活動を行なったとされている（ただし、警察当局はその存在を公には認めていない）。

捜査1課など刑事警察が現場の遺留物など徹底した証拠採集と聞き込みなどで犯人を追いつめるのに対して、公安警察の捜査はターゲットとなる対象組織の一網打尽を狙うべく、徹底した尾行、監視活動を行ない、外堀を埋めて事件を未然に防ぐことに全力を挙げる。

どちらの手法が良いとは一概には言えないが、捜査手法が全く異なるために、刑事部と公安部の対立が生まれてしまう事はこれまで多々あった。警視庁の元ベテラン刑事は言う。

「一般的な殺人事件などは捜査1課をはじめとする刑事警察の手法が存分に発揮される場面が多いが、こと捜査対象が組織になると途端に苦手意識が出てしまう。正直、1課の刑事は組織犯罪捜査に慣れていないんだ」

一方の警視庁公安部関係者は言う。

「犯罪組織を一網打尽にするにはやはり公安の手法が適していると言っていい。公安捜査には緻密さが何より要求される。あらゆる方法を使って対象組織の情報を徹底的に集めて一歩一歩追いつめていく」

組対の関係者は言う。

「昨今の暴力団組織は警察に対して敵意を見せている。警察と話さない、事務所にいれない、接触しない主義がそれぞれの組織に貫かれるようになってきた。組織犯罪の捜査に、公安警察が得意とする情報捜査を取り入れるしかなくなっている」

## マル暴捜査もデジタル化

情報捜査に関しては、公安型の情報捜査と並び、最先端の科学技術も導入され、威力を発揮している。

2010年に発覚し世間を騒がせた、相撲界を舞台にした野球賭博事件。関与した力士と胴元らのやりとりは携帯電話の電子メールを通じて行なわれていた。しかし彼らは捜査の手が及ぶ直前に、証拠隠滅のために、全てのデータを削除していた。この時、組対が捜査協力を仰いだのが、刑事部の捜査支援分析センター（通称・SSBC）だ。SSBCは、科学捜査の最先端を走っている組織だ。彼らは押収した携帯電話から消去された、膨大なメールを復元することに成功した。こうした電子機器のデータ解析の捜査は「デジタル・フォレンジック」と呼ばれている。

結局この賭博事件では、背後の暴力団の関与まで突きとめることはできなかったが、科学捜査が組織犯罪の捜査に有効活用された事例だった。

現代の警察捜査はこうした「デジタル捜査」が欠かせない存在になっている。そしてデジタル捜査は「犯罪ビッグデータ」の分析捜査でもある。

犯罪ビッグデータとは警察が過去に蓄積したさまざまな犯罪に関する情報のことだ。過去の犯罪歴や現場に残された遺留品、指紋、掌紋、足跡（通称・ゲソ）、血痕や皮膚片、汗などから検出されるＤＮＡ、防犯カメラの画像、携帯電話の通話記録、パソコンのＩＰアドレスなどの電子データ等々。

暴力団の構成員は過去、何らかの犯罪に関与した経歴を持つ可能性が高い。当然、何らかのデータが警察には残っている。

警察庁では２００９年からＣＩＳ・ＣＡＴＳ（シスキャッツ）と呼ばれる情報分析支援システムの運用を始めている。それまでも警察当局は指紋、ＤＮＡなどをデータベース化していたが、これまでセクション毎の端末で照会するしかなかった。それを一つの端末から照会出来るよう統合したのがこのシスキャッツなのである。

ある警察関係者はこうした「犯罪ビッグデータ」を活用した捜査を、科学捜査と従来型の捜査を組み合わせた「ハイブリッド化」した捜査手法として「ビッグデータ分析捜査」と命名している。

通信傍受

通常、捜査に民間人を関与させることは無い。しかし、その数少ない例外が「通信傍受」だった。ヘッドホンをつけて内容に耳を傾ける捜査員の傍らに、通信事業者の担当者が立ち会うのだ。

近年、組織犯罪捜査で威力を発揮している通信傍受は組織犯罪の解明などを目的に、2000年に施行された通信傍受法の下で行なわれている。裁判官の令状があれば、警察当局が電話、ファクス、電子メールを傍受することを認めるというものだ。

傍受の期間は10日以内だが、最長30日まで延長が可能。記録は裁判所への提出が義務づけられるほか、傍受した当事者には30日以内に、その事実を通知することとなっている。ただし、捜査に支障が生じる場合は最大60日まで通知を延長できる。実施にあたっては通信事業者の立ち会いが必要で、事業者が不可能な場合は自治体の担当者が立ち会うことになっている。

いかに捜査のためとはいえ、民間の通信を「傍受」（と言えば聞こえはいいが、要は盗聴である）するといった手法が、あまり安易に用いられてはたまらない。

当然、さまざまな制約がある。現行で対象となる犯罪は、「薬物犯罪」「銃器犯罪」

「組織的殺人」「集団密航」の四つの類型だ。

さらにこの手法を使うためには、「犯罪が行なわれたと疑うに足りる十分な理由があり、ほかの方法では捜査が困難であること」などが要件となっている。

この通信傍受法は、施行後、実際に捜査に使われるまでには時間がかかっている。初適用にあたっては、捜査の現場と警察庁との間で激論が交わされたようだ。そもそも法案審議の際に、野党からは「盗聴法」などと言われて、強い反発があったため、警察も運用には慎重にならざるをえなかったのだ。

例えば、２０００年8月の施行から4ヶ月余が過ぎた12月に警視庁が捜査していた薬物密売事件で、通信傍受法の適用を検討したものの、結局見送っていた事も明らかになっている。捜査にあたっていた警視庁と、警察庁との間で意見が分かれたのである。

「覚せい剤密売グループを通信傍受の令状を取って摘発したい」

当時、イラン人グループによる薬物密売事件で警察庁との協議に臨んだ警視庁幹部らはこう主張した。しかし警察庁側は慎重だった。

「メンバーは10人前後で密売量もそう多くはない。通信傍受法適用の趣旨である組織犯罪と言えるのか」

「黒幕の逮捕に本当につなげられるのか」

議論は平行線をたどり、結局、施行後初の適用は見送られた。

「この事件で通信傍受できないなら、どんな事件ならできるというのか」

現場の捜査員からはこうした不満の声も上がったという。

結局、この事件では、警視庁は密売人数人の逮捕に踏み切り、聞き込みや取り調べなどの通常捜査で組織の解明を進めていった。

実際に通信傍受を実行したのは、それから1年半後の2002年初めになる。捜査対象は、覚せい剤密売グループである。しかし、この事件について、警視庁は継続捜査を理由に事実関係の公表を一切していない。

ここまで初適用に時間がかかったのは、前述の通り、同法に対してはネガティブな反応が強かっただけに、捜査当局も「失敗出来ない」と慎重姿勢を崩さなかったことが大きな理由だろう。

しかし、現場としては使わない手はない手法である。現在では、この通信傍受は組織犯罪捜査の重要な手法の一つとなっている。

法務省は2016年2月、全国の警察が通信傍受法に基づいて、2015年の1年間に捜査で電話の会話を傍受したのは10の事件に及び、結果、１０１人の逮捕につながったと発表した。

ただし、これらについても、同省は捜査機関名や事件の詳細については「今後の同様の捜査に支障をきたすため」として明らかにしていない。内訳は覚せい剤などの「薬物の密売、密輸」、「組織的殺人未遂事件」という。

裁判所への請求42件は全て認められており、傍受したのは全て携帯電話の通話だった。

施行から16年余りが経つ通信傍受法だが、同省はこれまでの４類型に加えて「殺人」「放火」「詐欺」「窃盗」など九つの犯罪を新たに追加して、さらに通信事業者の立ち会いも不要になる改正法案を２０１５年秋に国会に提出。継続審議となったが、２０１６年５月の通常国会で可決・成立している。

犯罪類型の追加、通信事業者の立ち会いが不要になったことで、警察にとっては、より使い勝手のいい手法になったのは間違いないが、これまで以上に慎重な通信傍受の運用が望まれる。現在のように、いつ誰がどこで何の傍受をしたのか、明らかにならないまま、という状況には不安をおぼえる国民も多いのではないか。

カメラ捜査

警視庁の総合庁舎は本部庁舎の隣にある建物で、ここには警視庁のさまざまな部門や警察庁のセクションも軒を連ねている。その地下1階にかつて職員向けの売店があった(現在は閉店し撤去)。日用品や食料品などが並ぶスペースの横で、異彩を放っていたのが、ショウウインドウに並んだデジタル機器の数々だ。

「これはネクタイに装着できる小型カメラです」

店員が捜査員とおぼしき男性に説明しているところを見たことがある。ケースの中には、一見するとカメラに見えない小型の機器が並んでいた。いずれも捜査に使われる小型カメラだ。

こうした小型カメラは主に捜査セクションで導入されており、特に組対ではかなりの数を導入している。現場では「小型カメラ」をはじめとするカメラを活用した捜査手法が取り入れられている。監視対象の組織を視察する際に威力を発揮するのはこの「カメラ捜査」とされている。この場合のカメラ捜査とは大きく二つに分けることができる。

## 1　携帯・携行型カメラによる捜査

## 2　設置型カメラ（邀撃（ようげき）カメラ）による捜査

携帯・携行型カメラにはボタン型やネクタイピン型の小型カメラがあり、それらは対象者を尾行、視察する際に最も威力を発揮する。ライブ機能を備えているカメラなら、その画像をそのままリアルタイムで捜査本部などに送ることもできる。また、事務所など関係先に入った際にも漏れなく記録できる。

このように映像の形で残せる情報が貴重なのは言うまでもない。

一方、設置型カメラによる捜査は二つに分けられる。一つはあらかじめ設置されたカメラシステムで、もう一つは、警察側が機動的に設置するカメラだ。

前述の立川６億円強奪事件で、早い段階で元暴力団員ら実行犯２人を特定できたのは、現場周辺の防犯カメラの画像の分析によるところが大きい。更に犯行に使われた白色のベンツも幹線道路や高速道路上に設置された「自動車ナンバー自動読取装置」、通称Ｎシステムによって逃走経路が明らかになった。

このＮシステムや、官民がそれぞれ各地に設置している「防犯カメラ」が、「あらかじめ設置されたカメラシステム」である。

Ｎシステムは、１９８０年代初頭に警察庁が導入し、今では全国の主要幹線道路、高速道路に張り巡らされている。道路上に設置されたセンサーを備えた機器がナンバーを読み取ると、そのデータは瞬時に警察庁のホストコンピュータに記録される。

例えば照会したい対象のナンバーをホストコンピュータに入力すると、何時何分にどこのポイントを通過したかがわかる。そのポイントをつなぎ合わせていくと、逃走経路が判明するシステムである。

１９９4年2月に発生した富士写真フイルムの専務が刃物で殺害された事件でも、Ｎシステムが威力を発揮した。逃走した車を大阪まで追跡することに成功し、暴力団員ら実行犯の検挙につながっている。

そして、Ｎシステムの機能にカメラ撮影の機能を備えているものは「Ｓシステム」と庁内では呼ばれている。

さらに、近年は都内各地と多摩地域に「バイク専用Ｎシステム」が配備されているという。バイクはナンバープレートが後部だけについているため、それに対応出来る様式になっている。主にバイク利用のひったくり事件の捜査に効果を発揮しているという。

6億円強奪事件の捜査本部は、これらのシステムから得た情報をもとに、事件発生から数日後にはベンツの出撃拠点となっていた犯人グループの関係者が経営する中古車販売会社にたどりついていたのである。

こうして割り出された拠点では、監視のために新たに5台のビデオカメラが密かに設置された。これが「邀撃カメラ」と呼ばれるもので、現在、捜査現場では効力を発揮している。この事件でも、ここで次々と容疑者が逮捕されている。

これら「防犯カメラ」などによる分析捜査は、日本警察の捜査の主流になっている。いまや全国に数百万台あるとされる防犯カメラの画像を事件現場の周辺から円を広げるように回収し、分析しつなぎ合わせる事で犯人の逃走経路などをあぶりだす捜査手法である。

先に触れたＳＳＢＣには、こうしたカメラ画像の分析捜査を行なう専門部隊「機動分析係」がある。センター創設に関わった元警視庁幹部は言う。

「ＳＳＢＣを創設したきっかけは、ハイテクと呼ばれる分野をもっと現場の捜査に活かせないかと考えた事からだった。それまでは防犯カメラの分析は捜査1課の中の科学捜査係などが細々とやっていたんだが、全庁内の捜査部門に活用してもらう組織をずっと考えていた」

この元幹部は発足したばかりの警視庁組対2課の幹部時代にこうした「ハイテク捜査」の威力を痛感したという。

「組対2課は発足当初から、前身となる国際捜査課時代から運用していた自前のハイテク班を持っていた。就任当時、ある暴力団を追いかけた事案でも、このハイテク班が逃走車の軌跡をNシステムでつなぎ合わせてスピーディーに犯人を割り出した。そのとき、こういう部隊を警視庁全体のために作れないかと考えた」

つまり、科学捜査の最前線部門であるSSBCの誕生には、組対の捜査が大きく関わっていたということになる。

このカメラ捜査は更に進化していく可能性を秘めている。目下、最先端とされているのが「3次元顔画像識別システム」。被疑者の写真を3次元化し、防犯カメラなどの画像と「照合」させ検挙につなげるというものだ。警察庁が企画提案し、警視庁など全国の警察の一部で既に導入されているという。

警視庁では2016年から逮捕した容疑者の写真を全て3次元化して保存することを明らかにしている。管轄するのは刑事部の鑑識課で写真資料係が担当する。警察庁関係者は言う。

「警視庁管内では２０１２年から2年間、都内の某所にシステムを設置し実証実験を行なっている。法医学の観点からも顔の相似率を限りなく相違ないものに高める開発が続けられているが、このシステムの運用で被疑者の追及捜査は効率的、飛躍的に向上する。テロ捜査、組織犯罪捜査に威力を発揮すると考えている」

## カメラ捜査の問題点

新たな捜査手法として確立された感のあるカメラ捜査。しかし、その運用課題を改めて浮き彫りにした事例もある。

「不適正な捜査であり、誠に遺憾です」

２０１６年9月1日、坂口正芳警察庁長官が、定例会見で遺憾の意を表明した。

不適正な捜査と警察当局が自ら認めた事案は、大分県警別府警察署の刑事課員２人が、参院選の公示を４日後に控えた6月18日、政党の支援団体の敷地内に無断で侵入し捜査用のカメラを設置したことが発覚したのだった。敷地の管理者が敷地内を定期点検中に樹木に取り付けられていた「小型カメラ」を発見し、被害届を大分県警本部に提出。県警の監察官室が調査にあたった。そして8月26日に県警本部は署員２人と上司にあたる刑事官ら計4人を建造物侵入容疑で書類送検するという異例の事態となった。

この事案の問題点はどこにあるのだろうか。関係者は言う。

「今回の大分県警のカメラ捜査は適正でなかったのは確か。県警本部ときちんと情報共有できていなかったことも要因の一つだろう」

警察庁は大分の事例を重く見て、別府署員ら4人の書類送検発表と同日の8月26日に全国の警察に対して以下の2点を通達している。

1　捜査用カメラを使用する場合は、事件の重大性を具体的に考えて、容疑者特定などの目的を十分検討すること

2　固定でカメラを設置する場合は、捜査の秘匿に留意した上で、土地や建物の管理者の承諾を得ること

要は、「民間の施設にカメラを設置する場合は、重要な事件であり、なおかつ先方の了解が必要」ということで当たり前と言えば当たり前である。大分県警のミスの背景には何があったのか。警視庁の捜査関係者はこう突き放す。

「大分県警がとろいんだよ。普通はばれないようにやるんだから。対象の組織のあらゆる情報を収集するのが警備公安の基本動作。大分だとそんなに大きな公安事件はないだろうから。撮影のノウハウも指揮官の能力も乏しかったんだろう」

この程度のことを改めて通達するという点を見ると、「ひょっとしたら、安易にあちこちにカメラを設置しているのでは」という疑念を拭えない。

大分の事案をきっかけに出された通達は、カメラ捜査について警察当局が、改めて慎重な運用をするよう自戒すると同時に、内部での周知を図ったものと言えるだろう。

## ＧＰＳ捜査

技術の進歩により、近年、マル暴捜査・組織犯罪捜査で特に威力を発揮しているのが「ＧＰＳ捜査」である。ＧＰＳ（全地球測位システム）はご存じの通り、カーナビゲーションや携帯電話、スマートフォンなど一般の電子機器にも導入されている。ＧＰＳ捜査とは一体どんなものなのか。それを白日の下に晒した訴訟がある。

２０１４年、名古屋市内の男性が、愛知県警によって車にＧＰＳを取り付けられ、行動を監視され精神的苦痛を受けたとして、県に１４３万円の損害賠償を求めて名古屋地方裁判所に提訴したのである。

ＧＰＳを使った捜査に対して損害賠償を求めた訴訟は全国で初めてのケースだった。男性は窃盗事件の捜査対象となっていたという。

実は現在、刑事訴訟法にはＧＰＳに関する規定はなく、捜査で用いる場合にも裁判所の令状は必要ない。この点は、通信傍受とは大きく異なる点だ。

これに対して原告代理人は「ＧＰＳによる監視活動は人権侵害の危険が大きい。令状なしでの使用は許容できない」と真っ向から反論している。

訴状などによると、原告男性が自宅マンションの駐車場に停めていた車の底の部分に、磁石とともにＧＰＳ端末が取り付けられていたことに気付いたのが事の発端である。車は男性が友人から借りて使っていたものだ。そしてこのＧＰＳ端末は、大手警備会社が貸し出していて愛知県警が契約先になっていることが判明。男性が１ヶ月前に確認した際には取り付けられていなかったという。

男性の主張は「全く身に覚えがない。訪問先など行動を監視され、プライバシーが侵害された」というもの。一方、愛知県警は当時「コメントを差し控える」と報道各社の取材に回答していた。

この訴訟をきっかけに、ＧＰＳ捜査は一躍クローズアップされることとなった。プライバシー侵害のおそれもあるとの指摘も一部にあるが、警察庁ではＧＰＳ捜査を「一定の条件のもとで、任意の捜査の補助手段として使用するのは法令上認められると考える」として、裁判所の令状を必要としない任意捜査と位置づけている。

なぜこのように強気なのか。根拠となっている判例があるのだ。

警察庁は２００６年、事件の捜査対象者の車などにＧＰＳ端末を設置して追跡するための基準となる運用要領を作成し各都道府県警に通達している。

同年６月30日に警察庁刊事企画課長名で出された通達名は「移動追跡装置運用要領」。ここにＧＰＳ端末の使用要件が掲げられている。

1　一定の犯罪の捜査を行うに当たり、犯罪の嫌疑、危険性の高さなどに鑑み、速やかに被疑者を検挙することが求められる場合であって、他の捜査によっては対象の追跡を行うことが困難であるなど捜査上特に必要があること

2　犯罪を構成するような行為を伴うことなく、捜査の対象となる物に取り付けること

対象となる具体的な犯罪や、どのような物に取り付けるのか、警察庁は捜査に支障をきたすとして情報公開請求に基づき公開された文書でも、そうした記述の部分を黒く塗りつぶしていて明らかにしていない。使用手続きとしては、三つの項目が決められている。

1　警察本部捜査主管課長による事前承認
2　運用状況について所属長や本部主管課長への報告
3　継続的に使用することの必要性の検討

通達の結びには、「移動追跡装置を使用した捜査の具体的な実施状況等については、文書管理等を含め保秘を徹底するもの」と記されている。もちろん、これは警察内部での通達に過ぎないため、この通達があるからといってGPS捜査は合法だとは言いづらいだろう。しかし、その後、警察にとって画期的な判断が示されたのだ。

2015年1月、先ほどの愛知の一件とは別の裁判で、GPS捜査について初となる司法判断が下された。

　この裁判では、窃盗事件に関連して36歳の捜査対象者の車にＧＰＳを設置した大阪府警の手法について、大阪地裁が「プライバシーの侵害は大きくなく、重大な違法とは言えない」との判断を示したのだ。

　被告は、２０１３年８月に兵庫県の郵便局に侵入して収入印紙を盗むなどしたとして窃盗と建造物侵入の罪に問われていた男。大阪府警の合同捜査本部は、２０１３年５月から12月にかけて、被告の男ら４人が使用していた計19台の車両にＧＰＳ端末を取り付け捜査した。裁判で弁護側は、こうしたＧＰＳ捜査によって得られた情報などを証拠として採用しないよう求めていた。

　裁判長は決定の理由として「24時間、位置情報が把握されていたわけではなく、尾行をするための補助的な手段に過ぎなかった」と指摘。さらに「犯行の全容を解明するためにはＧＰＳを取り付ける必要性は高く、令状を請求する必要はない」との判断を示したのだ。

　要するに捜査に必要であり、なおかつ四六時中プライバシーを監視するといった目的でなければ、捜査当局の判断でＧＰＳ捜査を行なってもよい、という司法判断である。

この判例が、捜査側の「後ろ盾」となっている。

ここでは愛知や大阪での事例のみ取り上げたが、すでにＧＰＳ捜査は警視庁を含む全国警察に広く行き届いていた捜査手法であった。

ＧＰＳ捜査をめぐっては裁判所の判断も割れていた。しかし２０１７年３月15日、最高裁大法廷（裁判長・寺田逸郎長官）は、令状なしに対象者の車にＧＰＳ端末を取りつけた手法の是非が争われた刑事裁判の上告審で、「違法」とする判決を言い渡し、ＧＰＳ捜査について「プライバシーを侵害し、公権力による私的領域への侵入を伴う」とした。これまで明確な規定がなかったＧＰＳ捜査について、令状が必要な強制捜査にあたるとの判断が示されたのだ。判決を受けて警察庁は全国の警察本部にＧＰＳ捜査を控えるよう通達した。

「これまでのＧＰＳ捜査は一切出来なくなる。大きな痛手だ」

警視庁幹部はこう嘆息した。尾行や張り込みなどの手法では限界がある中、ＧＰＳ捜査は組織犯罪への有効な手法だった。警視庁をはじめとするマル暴捜査の現場では、ＧＰＳ捜査に代わる新たな手法の開拓を迫られることとなった。

# 第４章　マル暴刑事の素顔――組対４課の現場

## マル暴捜査の本部拠点

現在の「組対４課」は、警視庁で長年暴力団捜査の中心だった「捜査４課」を前身とする組織である。名称が変わっても「４課」がマル暴捜査の中心であるという点は今も変わらない。本章ではその組対４課の仕事について見ていこう。

組対４課の本部拠点は東京・桜田門の警視庁本部庁舎の６階にある。人員は課長以下、捜査員はおよそ１８０名である。

本部庁舎は、上空から見るとアルファベットの「Ａ」の形をしており、組対４課が位置するのは、そのＡの形の右下の部分、桜田通り側である。

室内に入ると、デスクが並ぶ空間が目に飛び込む。この空間を組対４課と組対３課が半分ずつスペースを分け合っており、それぞれの課長の個室が桜田通り沿いに設けられている。ただし、この空間の人口密度は常に低い。その理由は後述する。

組対4課長は代々、警察庁から出向してくるキャリア警察官の指定席だ。警察が対峙する暴力団組織は全国津々浦々にあり、各地域に「シノギ」を持つ「地場産業」として浸透している。

ちなみに警察庁はアメリカのＦＢＩ（連邦捜査局）のように捜査官を持たない。警察庁入庁のキャリア、全国の警察から警察庁に出向してくるノンキャリア、計2000人の警察官で構成されており、全国の警察に対して指揮・監督するとともに捜査に関する情報提供や支援を行なっている、いわば「指令部門」だ。

警視庁組対4課長のポストをキャリアの出向組が占めているのは、警察庁と警視庁との間の調整役という役回りがあるからだ。マル暴捜査のトップにキャリアが就任することで、警察庁と各都道府県警との間の情報共有を図りやすくする狙いがあるのだ。

## 拠点は秘密

さきほど、組対4課のある空間の人口密度は低い、と述べた。

「組対4課の部屋には人がいない」

筆者は、課長レクチャーに出向いた際にいつもそのように感じていた。単に仕事で出払っているからではない。別の理由がある。

実は組対4課は、暴力団など敵対する組織に行動を監視されることを警戒し、拠点を都内の複数の場所に分散している。つまり警視庁本部に詰めているのは、庶務担当など課員のごく一部に過ぎないのである。

組対4課の刑事たちが都内のさまざまな場所に持つ、「分室」と呼ばれる拠点の具体的な場所は捜査に支障をきたすためにご紹介できないが、対象となる組織が伝統的な資金獲得犯罪を行なっているとされるエリアに近い場所に設けられている。暴力団の昔ながらの「シノギ」がある場所で、一見それとはわからない所、例えば繁華街の雑居ビルをイメージしておけばいいようだ。

### 組対4課の五つの係

組対4課は、大きく五つの係に分かれている。「暴力事件情報係」「広域暴力団対策係」「暴力犯捜査係」「財務係」「暴力犯特別捜査係」である。それぞれについて見ていいこう。

まず、「暴力事件情報係」が担当するのは次の五つである。

1　課内の庶務に関すること
2　暴力団等の視察・内偵に関すること
3　暴力団等にかかわる事件情報の収集に関すること
4　暴力団等に関連する事件の調整に関すること
5　暴力団等の取り締まりにかかわる関係機関との連絡に関すること

その名の通り、捜査の基本となる「情報」を扱う部門である。担当管理官の警視が統括し、さらに係長の警部を筆頭にして所属の捜査員は「B情報」を取得することに全力を挙げる（「B」は警察内部で暴力団のことを指す隠語）。

その中は六つの班に分かれている。「臨場班」「情報対策班」「国際班」「検挙統計班」「視察連絡班」「事件指導班」である。

「臨場班」は暴力団がからむ事件にいち早く臨場して、徹底した初動捜査を展開する。

右の担当の「3　暴力団等にかかわる事件情報の収集に関すること」の担当である。例えば、「路上で暴力団員らしき男が刺されて死んでいる」といった通報が、通信指令本部から入ると現場に直ちに赴くのが、臨場班に所属する刑事たちだ。

一般的に凶悪な殺人事件が発生すると、通常はまず現場に所轄の警察署の係員や本部刑事部の機動捜査隊が臨場し、聞き込みなどの初動捜査を展開する。鑑識係員なども臨場し、証拠の採集にあたる。さらに犯人検挙の目星がつかないと判断されると、刑事部捜査1課殺人犯捜査係の捜査員が臨場し、同時に周辺署からも捜査員が投入されて特別捜査本部が設置されるといった流れが通常である。

しかし、被害者が一般人ではない暴力団関係者であることが最初から明らかな場合は、捜査1課ではなく組対４課の出番となる。ことに死亡者が大物幹部であれば、臨場班に加えて、組対４課長が現場に駆けつけることもある。現場に立ち会った課長はその後、事件現場のある所轄署の署長室で警視庁クラブ加盟社の報道各社へのレクチャーを行なうのが通例となっている。

こうした「暴力団絡みの殺し」は、組対４課のマル暴刑事たちの主戦場である。臨場班の刑事は初動捜査を受け持ち、同じ組対４課の暴力犯捜査係に、得られた情報を引き継ぐこととなる。臨場班は刑事部機動捜査隊のマル暴版と言えよう。

続いて「情報対策班」は暴力団に関する特命捜査を担当する。特命捜査とは捜査幹部が特別に命じる項目について極秘裏に捜査することである。いわば捜査幹部の直轄部隊である。担当では「2　暴力団等の視察・内偵に関すること」に該当する。

「国際班」は暴力団と国際犯罪組織との関わりを捜査・分析しているセクションだ。

例えば拳銃発砲事件に関係して暴力団員が逮捕され、拳銃が押収されたとしよう。この拳銃が海外の拳銃だった場合、銃器犯罪を担当する組対5課（後述）の刑事とともに現地での調査を行なう。日本の暴力団と海外の組織との関わりがある場合には、国際班が海外の警察への連絡調整も行なう。「5　暴力団等の取り締まりにかかわる関係機関との連絡に関すること」の担当ということになる。

「検挙統計班」は課内の捜査部門と連携して暴力団の検挙者数をまとめているセクションだ。担当は「1　課内の庶務に関すること」に該当する。民間企業でたとえると「営業の売り上げ管理部門」と言えるかもしれない。

「視察連絡班」は協力者対策（エスの獲得・運用）を行なうセクション。「2　暴力団等の視察・内偵に関すること」の担当である。視察連絡班のマル暴刑事たちは、普段から協力者を獲得・運用し、情報収集を進めることがミッションとなる。彼らの活動予算は「青天井」、つまり制限が無いのだと言う。警察当局としても情報を得るためにカネに糸目はつけないということなのだろう。

この視察連絡班の後方支援を担っているのが「事件指導班」。暴力団等の事件情報収集を広く行なっている。都心と多摩地域にそれぞれ「分室」を持ち、情報収集にあたっている。「４　暴力団等に関連する事件の調整に関すること」の担当である。

広域暴力団対策係の対象

組対４課の「広域暴力団対策係」はその名の通り、全国的に活動をしている暴力団、いわゆる指定暴力団に目を光らせている部門だ。担当業務は以下の二つとなる。

１　広域暴力団にかかわる犯罪の取り締まりに関すること
２　暴力団にかかわる広域対策に関すること

２０１６年６月現在、次の22の団体が指定暴力団とされている（参考資料・同年版

「警察白書」）。

・「六代目山口組」（構成員約６０００人　兵庫県）
・「住吉会」（約３２００人　東京都）
・「稲川会」（約２７００人　東京都）
・「極東会」（約７５０人　東京都）
・「松葉会」（約７２０人　東京都）
・「道仁会」（約５５０人　福岡県）
・「五代目工藤會」（約４７０人　福岡県）
・「旭琉會」（約３９０人　沖縄県）
・「浪川会」（約２５０人　福岡県）
・「双愛会」（約１９０人　千葉県）
・「五代目共政会」（約１８０人　広島県）
・「二代目東組」（約１６０人　大阪府）
・「三代目福博会」（約１６０人　福岡県）

・「太州会」（約１４０人　福岡県）
・「六代目会津小鉄会」（約１４０人　京都府）
・「三代目俠道会」（約１１０人　広島県）
・「七代目合田一家」（約１００人　山口県）
・「五代目浅野組」（約90人　岡山県）
・「四代目小桜一家」（約70人　鹿児島県）
・「二代目親和会」（約40人　香川県）
・「九代目酒梅組」（約30人　大阪府）
・「神戸山口組」（約２８００人　兵庫県）

２００８年の浪川会を最後に新しい指定団体は生まれていなかったが、２０１６年４月に神戸山口組が22番目の指定団体となった。その神戸山口組だが、２０１７年４月30日に神戸山口組傘下の有力団体の元副組長（50）ら幹部数名が離脱し、「任俠団体山口組」の結成を表明した。神戸山口組から分裂すれば新組織のメンバーは指定暴力団に対する暴力団対策法の規制の適用から外れてしまうおそれがあるが、警察庁の担当者は現状を「分裂ではなく内輪もめのような状態」と見ており、引き続き暴対法の規制を適用する方針だ。

罵声とメンツ

2016年3月某日、台東区内の住宅街に捜査車両や警視庁機動隊のバスが集結した。路上で指定暴力団組員と睨みあっていたのが、組対4課・広域暴力団対策係の刑事たちである。

この日は、六代目山口組から分裂した神戸山口組の会合が開かれるとあって、双方の組員の衝突を回避させようと広域暴力団対策係が中心となり出動したのだった。道路の反対側から組員たちが罵声を投げかける場面もあったが、幸い大きな衝突はなかったという。

「エス（スパイ）などの情報のパイプがある捜査員が組側に、大きな衝突は起こさないように根回ししているケースもある。組員たちは相手の団体が、自分たちのシマに足を踏み入れて動き回ることを嫌う。『相手を常にしのぐ』というヤクザとしてのメンツがあるからアクションを起こさざるを得ない。しかし実際は、我々の根回しで、その場で

大声を出すくらいで留まることが多い」（捜査関係者）

こうした事前の根回しに加えて、暴力団の会合の会場周辺で広域暴力団対策係の刑事たちが行なう重要な仕事の一つが、「記録」である。この日も、捜査員数名は「面割り」のための人の出入りのチェック、写真撮影・記録を行なっている。面割りとは、暴力団組員の顔と名前を把握することだ。現場では刑事たちが必ずカメラを構えている姿を目にする。撮影された記録はデータベース化されていき、次の捜査に役立てられる。

### 暴力犯捜査係

「暴力犯捜査」は第1から第11係までと財務係、それに暴力犯特別捜査係の13の係から成る。第1暴力犯捜査は第1から第4係と財務係、第2暴力犯捜査は第5から第7係、第3暴力犯捜査は第8から第11係と暴力犯特別捜査係に分類されている。組対4課では最も多く人員が配置されているセクションだ。

担当業務は大きくわけて次の二つになる。

1　暴力団等にかかわる犯罪の取り締まりに関すること

## 2　群集犯罪の捜査に関すること

第1～第4係、第8～第11係と財務係、暴力犯特別捜査係は中央区の入船分室に、第5～第7係は文京区の富坂庁舎に拠点を構えている。

暴力犯捜査係は主に都内の指定暴力団を捜査対象としている。ただし、彼らのメインの仕事の一つもまた情報収集である。都内の指定暴力団事務所への視察、協力者からの情報分析などを行なっている。

財務係は、暴力団の活動資金の流れを調べる係だ。暴力団の活動資金は、帳簿などがまず存在しない、いわばアングラなカネがほとんどである。

暴力犯特別捜査係は他の係の応援に入り、捜査共助するセクション。この係も捜査幹部から特別に命じられた特命捜査を行なうことが多い。

4課内の主な係の仕事をごく簡単にまとめれば、暴力事件情報係が情報担当、広域暴力団対策係が主に山口組を担当、そして暴力犯捜査係が都内の暴力団担当ということになる。

## マル暴刑事の特徴

組対4課は警視庁本部の組織だが、それとは別に警視庁が所轄する102の警察署にも組織犯罪対策の捜査員、いわゆるマル暴刑事が配置されている。彼らマル暴刑事たちは各警察署の「組織犯罪対策課」に所属し日々の捜査活動にあたっている。

ただし、組織犯罪対策課として独立した課を持つのは102署のうち1割程で、他の署では刑事部門、生活安全部門と同じ課に所属している。組織犯罪対策課として独立した課を持つのは、管内に指定暴力団の本部事務所や組織犯罪集団の拠点があるとされる地域である。

組対4課の捜査員も含め、マル暴刑事には、共通した外見的特徴がある。筋肉質で鍛え上げられた体なのは、柔道や空手の有段者が多いからだろう。髪は短髪で、眼鏡はセルフレームが主流。目つきは鋭い。スーツはダブル。

もちろん、全員が全員そういう外見ではないが、大体、こういう特徴があると言っていいだろう。

暴力団による犯罪捜査は、一般的な犯罪捜査とは一線を画すものだ。相手は犯罪のプロ集団だけに当然、その捜査にあたるマル暴刑事には組員と対峙する肉体的・精神的な

「力強さ」が必要とされる。

そして、組対4課の捜査員には「外観でなめられないようにする」ことがまず求められるのだという。かつて、私が見た中には、スキンヘッドに色付きの眼鏡で、どう見ても暴力団員にしか思えない刑事もいた。「なめられてはいけない」という気合のあらわれなのだろう。もっとも、こうした伝統的な「マッチョ型」の捜査員がいる一方で、いまの組対4課には「公安・知能型」の捜査員も増えてきているという。

### マル暴刑事の日常

彼らマル暴刑事は日々、どのように動いているのか。筆者が取材した情報をもとに、警視庁の山田警部補（仮名・所轄警察署では警部補＝係長）の1日を見てみよう。

山田警部補は40代。大学卒業後、警視庁に入庁。東京都西部の警察署や機動隊を経て、発足直後の組対4課に配属された。

髪型はオールバックで、体は細身。柔道の上位有段者で、さまざまなマル暴捜査の現場を踏んで来たベテランでもある。現在は都内の某警察署（所轄）の「組織犯罪対策課」に所属している。

出勤は早い。午前6時半には、所属する警察署の組織犯罪対策課の自席に到着するのが常だ。ちなみに警視庁の警察官は午前8時半が始業時間である。

捜査部門では、前夜の当直中の事件などを警視庁本部に上げなければならず、その報告書のまとめなど、次の日勤帯の担当者の始業までに片付けておくことは山のようにあるという。

この早朝の時間帯に報告、引き継ぎも行なわれる。

「係長。Ｂ（暴力団組員）２名を会社員への傷害容疑で逮捕しました」

早速、当直担当が前夜のマル暴事案の報告に来た。管内に多くの飲食店や風俗店を抱えるため、暴力団絡みの犯罪は後を絶たない。その被害者の多くはサラリーマンなど一般人だ。

逮捕された2人は地元の暴力団員で、調べに対し「目が合ったことに腹を立てた」などと供述したという。当直担当は組織犯罪対策課の捜査員ではなく、刑事課の捜査員だったため、山田警部補が捜査報告書などの資料とともに捜査を引き継いだ。午前中のうちに書類を改めてまとめ直し、警視庁本部の組対４課「暴力事件情報係」に報告した。

午後1時、山田警部補は組織犯罪対策課の後輩の巡査部長を連れて、管内の「視察」

に出掛けた。管内には広域ではない地元の暴力団が複数存在する。こうした暴力団を普段から監視・視察するのも重要な任務なのだ。

暴力団事務所のあるビルは、外見もどこかいかつい。山田警部補はインターホンを鳴らした。

「○○署の山田です。話を聞かせてくれますか」

インターホンのカメラに警察手帳を掲げる。警視庁の警察手帳は二つ折になっていて、表面に警視庁の徽章(バッジ)があり、内側は身分証になっている。顔写真と氏名、階級、そしてPナンバーと呼ばれる5桁の個人識別番号が刻まれている。

事務所内に通された山田警部補と巡査部長は、組幹部と相対した。

「係長(山田警部補)たちが興味ある話題はないですよ」

幹部はこんな風に話しかける。話題は他愛ないものが多いが、実態は「腹の探り合い」なので、独特の緊張感が漂う。話しながら、内部をじっくり観察することも忘れない。

「組員の表情はもちろん、事務所内部の備品まで細かくチェックしています」

このように正面から暴力団への情報収集を進める場合もあれば、エスから情報を得る場合もある。この日は通常のあいさつ程度に終わり、特に大きな変化は見られなかった。午後3時、事務所を出た山田警部補と巡査部長は管内の繁華街を歩く。途中、ビルのテナントが変わっていることに気づいた巡査部長は、カメラで店舗の外観を撮影する。飲食店、風俗店が多いエリアだけに、日頃から、街の変化を感じ取れるようにしているという。

署に戻ると、この日の視察内容などを報告書にまとめなくてはならない。さらに、この日は課長以下全員が参加する組対４課の会議も開かれた。そこでは各マル暴刑事達が集めた情報が集約され、捜査方針が決められるという。

「とにもかくにも対象組織の情報を収集すること。暴力団捜査はこれに尽きます。このエリアは暴力団、半グレや外国人組織の犯罪も多く、腕の振るい甲斐があります」

山田警部補はこう話して相好を崩した。マル暴刑事達は、大きな事件がない日は、こうした日常を送っている。

## マル暴捜査の最前線

組対４課が関わった最近の事件をいくつか挙げてみよう。

2016年にプロ野球読売巨人軍の元投手が逮捕されるまでに至った野球賭博事件では、組対4課暴力犯特別捜査係が捜査に加わっている。普段は他の係の応援などにあたる遊軍的な存在だが、前年のプロ野球界で相次いだ野球賭博発覚を受け、組対幹部の特命により、暴力団を最終的なターゲットとした賭博事件の捜査にあたっていたのだった。

この投手は、知人の飲食店経営者とともに賭博の開催を手助けしたとして、賭博開帳図利ほう助容疑で逮捕された。飲食店経営者は胴元、つまり賭博の主催者として賭博開帳図利容疑で立件されている。

組対4課の捜査員らは逮捕のおよそ3ヶ月前から元投手ら関係者の「行動確認」を開始していた。

「元投手は、我々の捜査の手が迫っていることに全く気付いていなかった。自分の身の潔白を訴えるため、報道各社の取材も進んで受けていた。さらに逮捕前日は博多の街でマスコミ関係者と飲食を共にしていた」(捜査関係者)

逮捕後、捜査班は、交友関係捜査と並行して元投手らから押収した携帯電話やスマートフォンの分析捜査も開始した。これは前述の大相撲関連の賭博事件と同様である。

「捜査を進めていくと、飲食店経営者と指定暴力団の男がつながった。新宿で開店した

際に知りあったとみられる」（捜査関係者）

捜査班は飲食店経営者を「小胴元」、暴力団組員を複数の胴元を傘下に置く「中胴元」と判断。一連の野球賭博のカネが、更に「大胴元」である暴力団の資金源になっているとみて捜査を進めている。捜査関係者によれば、ほとんどの組織がこうした野球賭博を扱っているという。金の回収を巡ってトラブルの多いビジネスは、暴力団のフィールドとなりやすい。

### 暴力団の新ビジネス

２０１５年11月に、暴力団の巧妙なビジネスモデルとして、注目を集めたのが療養費の不正請求事件だ。

組対４課は都内の接骨院で患者に治療を施したように見せかけて療養費を不正にだまし取った詐欺の疑いで、暴力団組長や経営コンサルタントの男ら関係者16人を一斉に逮捕した。その後、この指定暴力団の本部事務所も家宅捜索している。

医療機関では国民健康保険に加入している患者が受診した際に、保険者である市区町村に「療養費支給申請書」と呼ばれる書類を提出しなければならない。療養費はその中請に基づいて医療機関側に支払われるという仕組みだ。病院ではなく接骨院においても、保険適用の施術を受けた患者は自己負担分だけ支払い、残りは柔道整復師が自治体などに療養費として代理請求する制度がある。この申請書には患者本人の署名が必要となる。

このシステムに目を付けたのが暴力団だった。患者役を数百人集めて、問題の接骨院で受診させ不正請求を繰り返していたとされる巧妙な組織犯罪である。集めた金額は3年間で少なくとも1億円以上。そもそもこの接骨院は、療養費をだまし取るため計画的に設立された「ハコ」と見られている。

「患者役」の告白

逮捕された中には「患者」として名前だけ貸している人間もいた。多くは報酬目当てのアルバイト感覚だったようだ。暴力団組長らのグループは、接骨院を自ら開業した他に、経営不振の歯科医院なども抱き込んでいる。彼らに協力する「患者役」には、事業に失敗した会社経営者やお笑い芸人らをスカウトしていた。その患者役が新たな協力者を見つけるごとに報酬が増えるねずみ講式でネットワークを拡大していたという。

どのように患者を集めていったのか。都内の58歳の会社員が組対4課の事情聴取に対して、依頼を受けた経緯を語っている。この男性は、仕事を通じて知り合った自称ブローカーという男性から、「接骨院・歯科医院紹介ビジネス」と題した資料を見せられたうえで、「私に保険証のコピーを渡して一度受診すれば、毎月定額が入ります」と持ちかけられた。資料には、接骨院は3000円、歯科医院は1万3000円など、ひと月の報酬額が記されていた。

男性は当時、事業に失敗して多額の借金を抱えていた。

「違法だと分かっていたが金が欲しかった」

翌月、男から受診の予約日時などを知らせるメールが届くと、歯科医院に出向いた。どこも悪くないのだが、受診すると、それだけで口座には1万3000円程度が振り込まれていたという。男性は歯科医院や接骨院など三つの機関に一度ずつ通ってから足を洗った。

度重なる暴対法改正や全国の自治体で定められた暴力団排除条例を受けて、暴力団の活動が益々見えにくくなっているが、この療養費の不正請求事件では、暴力団の資金獲得の巧妙さが改めて浮き彫りになった格好だ。

捜査関係者によると、組長は「経済ヤクザ」として知られていた存在だという。

「健康保険というスキームに目を付けたのは、敵ながらあっぱれと言うほか無い」

特殊部隊を投入

「3、2、1、GO!」

2016年某日の夜、都内のアパートの一室が一瞬、まばゆい閃光に包まれた。強烈な光と音で相手の機先を制する特殊閃光弾が使われたのだ。

直後に高性能のアサルトスーツに防弾チョッキ、サブマシンガンを身につけた警視庁刑事部捜査1課特殊犯捜査係・SITの捜査員10人が一気に部屋に突入する。後に続いたのが組対4課のマル暴刑事5人だ。

「そのまま動くな!」

マル暴刑事が叫ぶ。室内には7人の男がいた。突然の出来事に呆然としている様子だ。

ここは特殊詐欺グループのアジト(拠点)だった。特殊詐欺は、「振り込め詐欺」に代表される、広く一般人を対象とした詐欺のことである。

中央のテーブルには、固定電話が並び、傍らには携帯電話も無造作に置かれている。

捜査員の1人がすかさず電話を「リダイヤル」していく。架電先をその場であらため、電話に出た相手から「どんな内容の会話をしたか」を確認するためだ。

「午後6時46分。詐欺の疑いで緊急逮捕する」

逮捕容疑を告げ、ＳＩＴ捜査員が男たちの身柄を確保していく。

これは、特殊詐欺グループの摘発の様子である。警視庁をはじめとする全国の警察は昨今、特殊詐欺グループの摘発にはこうした「突入作戦」で臨んでいる。

「特殊詐欺のアジトの摘発ではその場の電話をリダイヤルするのがポイントなんだ。摘発の情報を察知するとグループは必死に証拠隠滅を図ろうとする。それを抑えるための急襲作戦でもある。拳銃や刃物など『道具』で反撃してくる輩もいる。だからＳＩＴや機動隊の力を借りるケースが多いんだ」（警視庁幹部）

特殊詐欺グループは大元のグループの傘下に更に複数のグループが枝分かれしている。こうした特性上、グループは離合集散を繰り返す。例えば「このヤマ（仕事）を踏んだら解散」など、面識の無い者同士が集められ、仕事を終えたら解散してしまう形を取るのである。

特殊詐欺グループは役割分担が明確な犯罪組織だ。

詐欺の電話をかける「かけ子」。現金受け取り役の「受け子」。だまし取ったキャッシユカードで現金を引き出す「出し子」。架電先情報などを収集する「情報屋」。電話やアジトなどグループのインフラを整える「道具屋」。これらを指揮、監督するのが「統括役」だ。そしてグループの「元締め」は暴力団が担っているのがほとんどなのだ。警視庁幹部がグループの現状について明かす。

「詐欺グループは別のグループを襲撃することもある。つまり別のグループのアジトを急襲し、現金を奪っていくんだ。詐欺グループのメンバーの逮捕後の供述で『アジトに踏み込んで来たのが警察でよかった』というものもあった。グループの売り上げが悪いと元締めの暴力団が襲撃してでもカネを奪うよう指示しているようだ」

振り込め詐欺などの特殊詐欺の被害は依然として深刻である。警察庁のまとめによると、2015年中の特殊詐欺の被害総額は約500億円に上る。前年より被害総額は80億円程減少しているが、被害件数は1万3000件超と前年より増加している。被害者の77%を65歳以上の高齢者が占め、特に「オレオレ詐欺」「還付金等詐欺」において高齢者の被害が多くなっている。

一方、2015年中の検挙件数は4112件で、検挙された人数は2506人といずれも前年より増えている。これは全国で特殊詐欺被害が増え始めた2011年以降で最も多い数値となった。

　検挙された人数のうち、暴力団員の数は826人と全体の33％を占めている。これは暴力団が特殊詐欺を重要な資金源の一つとしていることの証左に他ならない。

### 暴力団が仕切り役

　現在、警察当局は特殊詐欺に対してオールジャパン体制で臨んでいる。その背景には、特殊詐欺グループの背後には暴力団が控えているという組織構造がある。特殊詐欺の事件において暴力団は前面に出ることなく、受け子をリクルートし、実体のない会社に登録名義人を置くなどしている。

　捜査関係者によると、検挙された受け子やかけ子は、暴力団の存在について供述しているという。

「暴力団関係者から恐喝され、金を稼ぐために受け子をやるよう指示された」

「生活に困っていたところ、知り合いの暴力団員から会社を起業して金を稼げと言われ、詐欺被害者の名簿を渡された」

「アジトにはかけ子の仕事を監督する暴力団員がいて、グループを厳しく監視していた」

　こうした供述からも、暴力団が特殊詐欺グループを配下に置いていることがうかがえるのだ。

# 第5章　ボウタイの視点──組対3課の現場

## 前身は「ボウタイ」

続いて組織犯罪対策3課（以下、組対3課）について見ていこう。前身は刑事部の暴力団対策課、通称「ボウタイ」だ。組対4課が暴力団の「事件捜査」を担っているのに対して、組対3課は「暴力団対策」を担っている。

暴力団対策とは、暴力団の活動を押さえ込むためのさまざまな対策を講じることを指す。暴力団の指定に関する情報収集や、企業を対象にした暴力団事件を捜査する。近年はその数が激減しているが、企業の株主総会を妨害する総会屋を摘発するのも組対3課である。

組対3課長には暴力団対策のベテランのノンキャリア警視が代々就任し、補佐するナンバー2の理事官の警視には「暴力団対策情報官」の肩書きが与えられている。主な担当業務は以下の通りとなる。

1　暴対法に基づく暴力団の指定、行政命令の執行

2　総会屋などの取り締まり・捜査、地域の暴力団排除対策

組対4課の捜査員らが暴力団の壊滅を目的とした捜査を主に展開するのに対して、組対3課の捜査員らは暴力団そのものを法の網にかけるべく情報収集することがメイン業務となる。

組対3課には、「暴対企画係」「暴力団情報管理係」「暴力団排除第1、第2係」「特別排除係」「保護対策第1、第2係」「行政命令係」「特殊暴力対策第1、第2係」「特殊暴力犯捜査第1、第2、第3係」の13の係が置かれている。順を追ってみていこう。

課内の庶務機能を果たすのが、暴対企画係と暴力団情報管理係。分掌事務では、暴力団等にかかわる総合的対策の企画調整を行なうこと、そして「暴対法」及び「東京都暴力団排除条例」の運用にかかわる指導・教養に関することとなっている。ここで言う

「教養」とは警察用語で「講習」や「研修」のことを指す。

暴力団情報管理係は、暴力団にかかわる情報管理及び照会に関することが担当となる。また、附置機関「暴力団対策情報室」を指揮監督している。

暴力団排除第1、第2の二つの係は暴力団排除にかかわるあらゆる業務を担当する。第1係では「民事介入暴力」の相談受付、さらに「暴力ホットライン」という電話相談窓口を設けている。企業の総務担当者や地域住民などから暴力団に関する相談を受け付ける窓口で、私たちに最も身近なセクションと言えるだろう。「ヤクザやめて頂きます」という決め台詞を武器に、大島優子演じる警視庁刑事・永光麦秋が暴力団員を組織から離脱させるべく奮闘する、テレビドラマ「ヤメゴク」の舞台のモデルとなったのは、この暴力団排除第1係「暴力ホットライン」のコールセンターである。

第2係は暴対法に基づく「責任者講習」を行なうセクションだ。千代田区の内神田分室に拠点があり、係ではあるが管理官が統括している。暴対法ではパチンコ店から銀行まで各企業に暴力団担当の責任者を設けるよう規定しており、「責任者講習」ではこうした責任者に対し各警察本部や暴力追放運動推進センターが模擬訓練などを交えながら暴力団からの不当な要求の断り方などを指導する。

保護対策第1、第2係は暴力団等にかかわる事件関係者等の保護対策に関することが担当となる。暴力団との関係を絶とうとしている企業関係者らを専従態勢で暴力団員から警護するのも、彼らの仕事だ。警視庁警備部警護課の要人警護を担ういわゆる「SP」の「暴力団対策版」ともいえる。身辺警戒員は「Protection Officer（プロテクションオフィサー）」と名付けられて、略称「PO」のバッジを着用。私服で拳銃を携行し、必要に応じて24時間態勢で保護対象者に付き添う。

行政命令係は暴対法に照らし、行政命令を出し、暴対法に違反した事件捜査も行なう。特別排除係は東京都暴力団排除条例に照らし、暴力団排除条例に違反した事件捜査を行なう。要はもとにする法律（条令）が異なるということである。

特殊暴力犯罪にも対応

特殊暴力とは警察用語で「暴力団ではない組織犯罪グループによる事件」のことだ。たとえば総会屋などがこれにあたり、「特殊暴力対策第1、第2係」の捜査対象となる。

毎年5月から6月下旬に都内で行なわれる企業の株主総会では、特殊暴力対策係の捜査員が立ち会い、総会屋の動きに目を光らせている。この期間中は組対３課に「株主総会特別警戒本部」も設置される。この時期に総会を開く東京都内の企業は約１１５０社で、６月末の集中日には約３４０社で開催が見込まれ、警視庁では所轄警察署の組対課員などを動員し約１０００人態勢で警戒に当たる（日本経済新聞2017年5月19日記事）。

組対３課によると現在でも全国で確認されている総会屋は約２８０人。このうち都内は約１７０人おり、20数人が活動しているとされる。

一方、特殊暴力犯捜査係では、企業の幹部や総務担当者に対する脅迫などの事件を担当している。

## 組織犯罪捜査の情報拠点

東京都北区滝野川。文字通り東京の北にある下町らしいエリアだ。その某所に暴力団に関わるあらゆる情報を集積し分析している拠点がある。それが組対３課の附置機関、暴力団対策情報室だ。

民間ビルのフロアを借り切った室内。それぞれの係の部屋に入るにはカード認証が必要で、入室者の記録が全て残るようになっている。

暴力団対策情報室は、「暴力団対策情報係」「暴力団指定第1～第6係」「暴力団情報第1～第4係」に分かれている。

「暴力団対策情報係」は、暴力団等にかかわる情報の統括事務に関すること、暴力団等にかかわる情報の収集及び分析に関することが担当となる。

室長の管理官を筆頭に、もう1人の「調査担当管理官」が指揮を執っていて、メンバーは総勢100名に上るとされる。

「暴力団指定係」は暴対法に基づいて、暴力団の指定に関することを担当する。実質的に指定するのは公安委員会だが、情報収集やとりまとめなど、指揮監督機関である警察庁刑事局組対部とも連携してあたっている。

「暴力団情報係」は暴力団等の組織にかかわる実態解明に関することを担当している。

これらの係からなる情報室には国内の暴力団、フロント企業をはじめ、反社会的勢力、準暴力団の元暴走族グループ、外国人犯罪組織などに関するあらゆるデータがストックされている。警視庁の組織犯罪捜査のシンクタンクと言えるだろう。

情報室が管理する主なデータの一つが「G資料」と呼ばれているものだ。G資料は警視庁組対がマークした暴力団、そして組員についてあらゆる情報が網羅されている部内の照会用の資料である。

「○○組　構成員　△▼××（●●歳）　19××年に◎◎組から兄弟盃　20××年に若中」といった情報が、G資料のデータベース画面に表示されるという。データには前歴のある者は逮捕時に撮影された顔写真、それにマル暴捜査員が行動確認時に撮影した写真データも合わせて閲覧できる。そして「チャート・相関図」も参照出来る。

G資料には暴力団の周辺者や一般人の密接交際者も全て集積されている。

「芸能人やプロスポーツ選手なども含まれている。資料のデータの一部がネット上に流出したことがあったが、そこには引退した指定暴力団の組長の情婦として、有名女優のほかタレントなど複数名の名前も記載されていた」（捜査関係者）

さらにフロント企業、いわゆる企業舎弟のデータもストックされている。捜査関係者によると、指定暴力団のそれぞれの組織から、業種別に何人送り込まれているかなどが参照出来るようになっているという。

これらデータに関しては、警視庁が民間の「活用」を進めようという動きも見られる。2015年2月、全国銀行協会（全銀協）は暴力団員などの反社会的勢力への融資を排除するため、警察庁が保有する情報を預金保険機構（預保機構）経由で照会する新たな仕組みを導入すると正式発表した。

みずほ銀行では2013年に暴力団への融資問題が発覚していて、全銀協と警察庁が新たな対策の検討を進めていたのだ。個人から新規融資の申し込みがあった場合、各銀行が警察庁のデータベースに預保機構を通じて接続し、反社会的勢力に関係がないか確認できるようにする。このためには新たなシステム開発が必要で、全銀協はできるだけ早い運用開始を目指すとしている。

預保機構は預金保険法で守秘義務が課されており、個人情報を厳格に管理する目的で預保機構を経由して照会するシステムを導入するという。反社会的勢力を排除するという意味では効果的かもしれないが、一方で、警察と企業がデータを共有していいのだろうか、という不安も消えないのは確かである。

### 企業への不当要求

警察庁の調査によれば、全国の企業を対象とした2014年の調査で、暴力団など反社会的勢力から金銭提供などの不当な要求を過去5年以内に受けた、と答えた企業が107社あった。これは回答全体の4%にあたる。2012年の前回調査の337社より大幅に減少しているのが特徴だ。

この調査は警察庁が日弁連などと共に２００８年以降、２年に一度実施しているもので、２０１４年は1万社を対象に行なわれ、２７０３社が回答している。

不当要求を受けた１０７社のうち、相手をどう認識したのかとの質問に「暴力団員」と答えたのは14％で、これも前回の31・２％より激減している。

警察庁の担当者は「暴力団への利益供与を禁じた暴力団排除条例が11年までに全都道府県で施行された効果ではないか」と分析している。

ただし、１０７社のうち、22社は「実際に要求に応じた」と答えており、うち4社は５００万円以上を支払っている。要求の内容は機関誌や書籍の購入のほか、寄付金や賛助金、値引きなどで、企業側は報復を受ける危険や威圧を感じたことなどを理由に要求に応じたという。

捜査関係者は言う。

「金融機関や保険会社が蓄積している暴力団関係者のデータベースは万全ではない。収集する事件や人物の範囲はそれほど明確ではないし各社によって食い違いもある。金融取引に入り込もうとする暴力団は枚挙にいとまがない。犯罪で得た資金のマネー・ロンダリングに利用したり、打ち出の小づちのように銀行から資金を引き出したりした事件も過去にはあった」

捜査関係者によると暴力団対策情報室にはこうした企業の動きも逐一記録されているという。暴力団対策情報室はまさにマル暴捜査の「情報ステーション」なのである。

# 第6章　薬物と拳銃——組対5課の現場

## 清原の薬物事件

2016年2月2日夜。複数の捜査員に囲まれた大柄な坊主頭の男が自宅マンションから連行され、捜査車両に乗せられた。テレビで繰り返し放映されたのでこのシーンをご記憶の方も多いだろう。組対5課は東京都港区の自宅マンションで覚せい剤を所持していたとして、覚せい剤取締法違反（所持）の疑いで、元プロ野球選手、清原和博を電撃的に現行犯逮捕した。

清原が薬物を使っているとの情報を得て組対5課が内偵捜査を開始したのは、逮捕から1年以上前に遡る。逮捕の前々年には、「週刊文春」（2014年3月13日号）で薬物使用疑惑があると報じられていた。本人は出演したテレビ番組で疑惑を否定していたが、大うそだったわけだ。

自宅から押収されたのは、覚せい剤と注射器3本やストローとパイプ1本ずつ、携帯電話4台など。覚せい剤と注射器1本は、リビングのテーブルの上に置いてあった。覚せい剤は使いかけとみられる。

自宅マンションは短期滞在型のもので、警視庁が家宅捜索に入った際、1人でいた清原は素直に捜索に応じた。そこで覚せい剤が見つかったため逮捕したという。調べに対し清原は押収された覚せい剤について「私のものに間違いありません」と容疑を認めた。

元スター選手の逮捕は国民に衝撃を与えた。それと同時に覚せい剤、薬物事件の社会的な反響の大きさを感じさせる事件となった。

## 5課とは何か

組対5課は薬物事件と銃器事件を専門に捜査するセクション。警視庁本部3階に拠点があり、2003年の組対の誕生前は生活安全部・銃器薬物対策課がその任務を負っていた。組対5課の組織は、以下のようになっている。

薬物捜査指導係　（薬物犯罪捜査を指導）
薬物捜査第１～第６係　（薬物犯罪を捜査）
銃器薬物対策第１係　（拳銃・薬物の対策本部に関すること）
同　　第２係　（銃器・薬物犯罪の情報管理、照会）
銃器捜査指導係　（銃器犯罪捜査を指導）
銃器情報係　（銃器犯罪に関わる情報収集）
銃器捜査第１～第６係　（銃器犯罪を捜査）

最近、最もメディアで組対５課の名前が登場したのは、歌手のＡＳＫＡの再逮捕を巡る失態が報じられた時だろう。２０１６年11月、挙動がおかしいＡＳＫＡに対して、組対５課の捜査員は彼の自宅で任意での検査用の尿の提出を求めた。検査の結果、陽性となったためＡＳＫＡは逮捕されたのだが、逮捕後に「提出したのは尿ではなくて、前もって用意していたお茶だ」と主張。何とも突飛な主張だったのだが、検査時の不備があったためにこの主張を突き崩すことが出来ず、結局ＡＳＫＡは起訴されずに釈放されることとなった。捜査の手順にミスがあったのではないか、ということで組対５課は強い批判にさらされたのである。

清原の捜査を担当したのも、組対5課の薬物捜査係と薬物捜査指導係だ。内偵捜査では、携帯電話の通話記録、立ち回り先の防犯カメラの画像の解析、ゴミからのDNA採集など徹底した内偵捜査が進められていたという。

清原と直接の密売人の逮捕にこぎつけた後、組対5課は背後にある密売組織の解明に向け、暴力団の関与を視野に捜査を続けている。しかし関係者の口は一様に固く、全容解明のハードルは高いのが実情だ。

「密売人は報復を恐れ、入手先を話さないことが多い。仮に入手先を供述したとしても、それを裏付ける証拠がないと立件は厳しい」(捜査関係者)

もっとも、ASKAが2014年に逮捕された事件(こちらは有罪に持ち込んでいる)では、供述から「新宿の薬局」と呼ばれていた指定暴力団傘下の組幹部の逮捕にまでつながっている。清原の件も、逮捕、判決がゴールではない。捜査幹部は「引き続き全容解明に向けて捜査を進める」としている。

薬物事案で社会問題化しているのは「危険ドラッグ」である。２０１０年頃から爆発的に市場に出回った当初は「脱法ドラッグ」とも呼ばれていた。値段は廉価で、若年層を中心に蔓延。簡単に手にできることから「ゲートウェイ（入り口）ドラッグ」の象徴ともされた。そして何より、危険ドラッグ吸引による事故、はては殺人事件なども発生し深刻化したのだ。

手軽に製造できるのも危険ドラッグの特徴だ。コストがそれほどかからないことが犯罪組織の暗躍を許している。

２０１３年、都下の古いアパートの周辺で組対5課の捜査班3班が待機した。別の事件で検挙した男や、運用するエス（情報提供者）から、このアパートの一室に製造工場があるという情報を得ていたのだ。

捜査員が踏み込むと、そこには秤や扇風機など製造器具が所狭しと並んでいた。このように「製造工場」は町中の一軒家やアパートの一室などにあるケースが珍しくない。

危険ドラッグの製造には大した設備が要らないからだ。原料となる中国から密輸した化学物質の粉末と水を洗面器や衣装ケースに入れ、植物の葉などに混ぜて付着させ、扇風機で乾燥させるだけでできてしまう。専門知識も必要ないのだ。製造工場でドラッグの製造方法を覚えて、のれん分けを受けて独立した店舗を構えたケースもある。

製造もイージーなら入手もイージーというのが、危険ドラッグの大きな問題点の一つだろう。民間団体の日本薬物対策協会は2014年に首都圏の中高生を対象に薬物に関する意識調査を実施し、約3900人から回答を得ている。このうち半数以上が、危険ドラッグについて「簡単に手に入ると思う」、あるいは「少し苦労するが手に入れようとすれば可能」と認識していた。

2014年に摘発された危険ドラッグの乱用者631人の平均年齢も33・4歳と覚せい剤の41・7歳よりも若い。1グラム7万円と高額な覚せい剤に比べ、危険ドラッグは1グラム1500円から2500円とべらぼうに安い。警察庁では低価格が若者を容易にひきつける一因とみており、インターネットによる流通の潜在化を懸念している。

また警察庁は、警視庁など全国の警察に対して厚生労働省麻薬取締部取締官、いわゆる麻薬Gメンとの連携による取り締まりの強化を指示している。

組対5課と麻薬取締部の業務は重なることが多い。そのため、実はお互いを「商売敵」として敵視してきたという経緯がある。この対立構造は解消されているとは言いがたい。

それでも警察庁がこうした指示をした背景には、省庁の壁を越えて薬物犯罪を摘発しようという意思があると言える。組対の発足の理念と同様に、横断的に総合力を発揮しようというねらいがあるとみられる。

### 大物企業家を内偵中

2014年秋、組対5課に「ある大物企業家の薬物事案」の情報が寄せられた。企業家を仮にIとしておこう。Iは30代後半。大学在学中に起業すると、その事業がメディアに取り上げられるなどして一躍有名人となった。テレビCMで芸能人と共演したこともある。

この情報を寄せたのは、あるメディアの記者だった。会議室に通され、組対5課の幹部2人と向かい合った彼はIの薬物乱用の噂を一方的にまくしたてたという。

幹部の1人は席を外し、Iに関するデータを取りに向かった。ちなみにデータとは犯罪歴データ、つまり前科前歴のことである。警視庁では総務部情報管理課の照会センター（通称・123《センターの内線番号にちなんでいる》）にデータが集約されている。アルファベットで種類が分類されていて、「A号」は前科前歴、「B号」は指名手配、

「C号」は盗品等となっている。そして、暴力団員は「Z号」、周辺者・共生者は「ZⅡ号」となっている。組対5課の薬物捜査データベースは、薬物の分類データに始まり、薬物事件での検挙者、関連する関係者が記された相関図などがデータ化され保管されている。

「Iか。Iは最近確かに露出が多いかもしれないな。確かに、喋っている時の口調がろれつが回っていないと感じることはあったよ」

Iは10代から薬物を使用しているということで、現在も年に数回海外にわたり、特に東南アジアで「クスリをやるため」に数日間滞在。薬物を服用し、抜いて（解毒して）帰国するのだという。薬物は日本の危険ドラッグと同様のものだという。

しかし、データ照会の結果はシロ。少なくとも、組対5課が密かに運用する「薬物捜査データベース」にもヒットしなかった。しかし、2017年1月現在、組対5課はIについて立件も視野に内偵捜査を続けているという。

### 銃器捜査も重要任務

薬物事件捜査と並ぶ、組対5課の任務のもう一つの柱は銃器犯罪捜査である。文字通り、拳銃など銃器に関わるあらゆる事案を捜査する。筆者は組対５課の拳銃事犯のレクチャーに参加したことがあるが、普段よりも記者の数が多かった。その理由は簡単で、室内の床にずらりと並ぶ拳銃、実弾の「ブッ撮り（撮影）」が許可される機会はそれほど多くないからだ。

所属しているのは、実際に現場で銃器事犯の取り締まりにあたる精鋭刑事たちだ。拳銃密売・発砲事件のおよそ９割に暴力団が関わっているとされているだけに、マル暴捜査の修羅場を踏んできた猛者たちが集まっている部署でもある。

言うまでもないが、拳銃での反撃は、時として命を失いかねない致命傷を刑事たちに負わせる。ある組対５課関係者は、暴力団事務所など拳銃の捜索に入る際はいつも独特の緊張感に襲われるという。

「ガサに入った時には、応対した人間の態度などを見ながら長年のカンを働かせる。薬をやっている場合もあるし、いつ いきなり暴発する組員に襲われるか本当に気が抜けない」

余談だが、組員が実際に捜査員に危害を加えたり、まして死亡させたりするようなことがあれば、その組織は警察当局により壊滅に追い込まれるという。

端緒は「密告情報」

２０１４年夏、組対５課・銃器捜査係の捜査員の携帯電話が鳴った。

「組員が幹部の指示で拳銃を買った。金額は20万円。その拳銃がある事件で使われた」

捜査員が運用するエスからもたらされた情報だった。

この情報から実際の着手に至ったのは、およそ1年後の２０１５年5月15日のこと。警視庁組対５課と福岡県警暴力団対策部は、福岡県中間市内にある特定危険指定暴力団2次団体の事務所など2ヶ所に家宅捜索に入った。容疑は２０１４年1月、広島県内で氏名・住所いずれも不詳の組員が、密売人から回転式拳銃１丁と実弾６発を購入して所持したというもの。その後、暴力団員が逮捕されている。エスの「タレこみ情報」、つまり「密告」が摘発につながった事例だ。

拳銃発砲事件は２０１６年１月から６月の間に全国で17件発生している。前年の同じ時期の３件から急増したことが、警察庁が２０１６年９月に公表したデータから明らかになった。このうち12件は暴力団の関与が疑われている。警察庁関係者は指定暴力団の六代目山口組と神戸山口組の対立抗争が影響しているとみている。

一方で、拳銃の押収は低調だ。警察庁によると、押収した拳銃は計139丁（62丁減）で、うち暴力団からは22丁（6丁減）。半期ベースの統計が残る1994年以降で、いずれも最も少ない数となっている。

押収した拳銃数のうち、暴力団が管理していた拳銃が占める割合も、2006年の44・5％から、2016年上半期は15・8％まで低下した。

最近の摘発例では、自分が所属する暴力団の元組長の墓や空洞にした壁の内部に隠したり、遠縁の親戚に預けたりしていたものもあった。押収数が減少した背景には隠匿方法の巧妙化があるのはもちろんだが、暴力団と警察とのなれ合いが無くなったことも一因としてあげられるだろう。

警察庁関係者によると、摘発に到っていない拳銃、いわゆる「ヤミ拳銃」の数は実際には2万丁に上るとされている。これは国内の暴力団関係者の数とほぼ同じで1人1丁所持している計算になる。

また、拳銃のマーケットも裾野が広がっている。買い手は暴力団以外に、外国人マフィア、暴走族出身の半グレ集団、一般人の拳銃マニアなどが存在するという。中でも、マニアには暴力団から流れる拳銃が多い。

「一般人のマニアが拳銃を入手する方法の入り口は買春からなんだ。派遣されてきた女性を通じて、その派遣元に拳銃を買いたい旨を伝えてもらう。するとハブ（仲介者）が登場し、まず違法薬物を買うよう持ちかける。つまり共犯関係を迫り、買い手を値踏みする。客が薬物を買えば、拳銃売買の交渉成立となる」（警視庁関係者）
警視庁関係者によると拳銃は、1丁30万円程で取引されているとみられるという。

## 泳がせ捜査で対抗

暴力団などが元締めとなった拳銃売買の巧妙化が指摘される中、銃器犯罪捜査では「泳がせ捜査」が広く導入されており、組対5課でも取り入れている。

警視庁の案件ではないが、奈良県でその泳がせ捜査の実態が公判で明らかになったことがある。

2015年2月、奈良地方裁判所葛城支部で開かれたのは、大阪市の職業不詳男性A（事件当時52）の初公判。Aは2014年5月に自宅に拳銃3丁と実弾60発を隠し持っていたとして銃刀法違反の疑いで奈良県警に現行犯逮捕された。しかし、法廷で明らかになったのは、より複雑な背景である。

公判では、彼が大阪府警捜査４課の情報提供者、つまりエスであることが明らかとなったのだ。

この日の裁判には大阪府警の銃器捜査担当警部（つまりエスの運用側）も証人として出廷している。証言台はアコーディオン式のパーテーションで遮蔽措置が取られ、警部の姿は傍聴席から見ることはできない。

警部は男を協力者であると認めたが、「犯罪捜査に関わることなので話すことはできない」と証言を拒否した。Ａも暴力団を首謀者とする拳銃売買ネットワークの「ハブ」の１人と言えるだろう。

裁判で注目されたのは「コントロールド・デリバリー」と呼ばれる「泳がせ捜査」の手法である。これは、密輸入された麻薬や覚せい剤を税関検査で発見した際にその場で押収せず、白い粉末などダミーに差し替えてそのまま通関させて、密売組織などの全貌をつかもうとする捜査手法だ。

コントロールド・デリバリーには「クリーンコントロールド・デリバリー」と「ライブコントロールド・デリバリー」の二つがある。前者は本物を偽物にすり替えるもの、後者は本物をそのまま通関させて泳がせる捜査だ。

従来、この種の捜査はわが国では表向き許されていなかった。しかし、1991年に薬物事案に関連した麻薬特例法が施行、1995年には銃器事案に関連した銃刀法が改正されたことにより、コントロールド・デリバリーが実質的に可能となっている。この手法を認めた新法こそ制定されていないが、関連法の改正によって、それを可能にしたのである。

1995年の銃刀法改正では「第27条の3」で、警察官（または海上保安官）が、捜査にあたっては、拳銃やその部品を借りたり譲り受けたりすることが可能で、その相手は「何人」でもよい、とある。つまり、捜査に必要であれば、犯罪者から拳銃を借りたり買ったりしてもよいということである。

これにより、身分を隠した捜査員やエスが、客になり済まして、組織の一網打尽を狙うことが可能になった。

「ここ数年の例で言えば、餃子の王将社長殺害事件でも明らかなように、銃器犯罪の脅威は依然として大きい。コントロールド・デリバリーも組織犯罪を摘発するための有効な手法と認識している」（元警視庁幹部）

コントロールド・デリバリーに加えて2016年、政府は主に組織犯罪への対処として、容疑者や被告が共犯者の犯罪を解明するのに協力すれば、起訴を見送ったり取り消したりできる「司法取引制度」を導入することを決めた。改正刑事訴訟法は２０１６年の国会で可決・成立し、同12月から段階的に施行される。

ただし、司法取引の対象は財政経済事件や薬物・銃器事件などに限定され、殺人や強盗などは含まれていない。また、取引には弁護人の同意が必要で、協議の過程には常に弁護人が立ち会う。明文化されないが、検察官が取引の概要を記録し公判終了まで保管することも決まっている。これもまた新たな捜査手法として、警察側は期待をしている。

# 第7章　犯罪インフラを撲滅せよ——組対1課の現場

## 国際組織犯罪を視察・捜査

２００９年秋、北陸有数の温泉地、富山県黒部市の宇奈月温泉の老舗旅館を見下ろす場所に５人の男たちが鋭い視線を注いでいた。

「マル対（監視対象者）がいま出社。建物に入ります」

「了解」

別の視察ポイントからの捜査員の報告が視察拠点の班長の元に無線で寄せられる。彼ら警視庁組織犯罪対策1課の捜査班は、この富山県の老舗旅館を舞台にした大掛かりな「不法就労事件」捜査にあたっていたのだった。

捜査員の視線の先には中国人とみられる若い女性たちがいた。いずれも旅館の仲居らしい和服を身にまとっている。

「どう見ても通訳の仕事なんてしていないよな」

班長の警部は言う。

捜査班では、この旅館からわずか数百メートルしか離れていないアパートから、捜査対象者の５人の中国人女性がこの旅館に入るところを確認していた。捜査員はその様子をカメラに収めている。

「吸い出し、追い込み完了しました」

行動確認担当の捜査員からも報告が入った。「行動確認」とは警察用語で、捜査対象者が立ち回り先を出発したところから、別の立ち回り先に入るところを尾行、確認することを言う。「吸い出し」とは対象者が住居などから出るところを確認することで、「追い込み」とは対象者が目的地などに到着したことを確認することを言う。

彼らが陣取っているのは「視察拠点」と呼ばれる捜査の拠点である。こうした拠点の設置、運用は警視庁公安部が最も得意とするところである。

「視察拠点を速やかにスムーズに設定できるかでその捜査員の資質がはかれるんだ。もちろん、拠点の設置にあたっては相手に行動確認のためとは絶対明かさない。『連続窃

盗犯の捜査』などと説明して理解を得る。さらに相手の思想的背景も当然調査した上での交渉となる」（元組対1課幹部）

組対1課の刑事たちがなぜ旅館の仲居の行動確認をしていたのか。彼女たちに不法就労の疑いがあったからだ。

容疑を固めたうえで、組対1課は2009年11月、都内の派遣会社の女性社長（61）の他日本人3人と中国人2人を入管難民法違反（不法就労助長）の疑いで逮捕した。社長は、「通訳」の資格で在留する中国人女性を旅館に派遣し、仲居として働かせていた。

逮捕された中国人の1人は、約200人の中国人の在留資格を偽って申請し、工事現場や旅館に派遣する人材として、派遣会社側に紹介するなどしていたという。また、入管難民法違反（不法就労助長）の疑いで老舗旅館の社長も書類送検された。

組対1課によると、旅館側は当初容疑を否認していたが調べに対し、「途中で不法就労と分かったが人手不足で黙認してしまった」と供述。2007年以降、15人の中国人を仲居として受け入れていたと明かしたという。

組対1課ではさらに中国人女性について虚偽の雇用契約書を作成したとして、入管難民法違反（資格外活動ほう助）容疑で、東京都墨田区の行政書士も書類送検した。

容疑者たちはなぜ通訳に目をつけたのか。それには理由がある。

「在留資格で通訳、つまり人文知識・国際業務で取得するとビザの期間が長くなる。ただし、その資格を得るためには本国での証明書などが必要になる。仲居として働いていた逮捕された中国人女性らは、本国でブローカーに１００万円以上を払ったと証言している」（捜査関係者）

## 犯罪インフラの実態

女性社長は中国のブローカーとの橋渡しを国内で行なっており、その背後には中国人マフィア、闇組織の存在がちらついていた。こうした不法就労の収益は、地下銀行（主に中国のマフィアなどが利用する非合法の銀行）を使って送金されている。

「中国へ送金する場合、中国の銀行を使えば数パーセントの手数料がかかる。しかし、地下銀行の場合は金額が大きいほど手数料が安くなる仕組みだ。業者も儲けたいから不法就労や犯罪で得た収益も受け付ける。中国本土の仲間に送金額を連絡すれば、中国側のプール金から指定された相手に金が渡る仕組みになっている」（同）

地下銀行は「犯罪インフラ」の一種である。犯罪インフラとは主に組織的な事件の基盤となるものの総称で、他には他人名義の携帯電話、匿名性の高いインターネットサイトなどが挙げられる。

警察庁では2011年にこうした犯罪インフラを「治安に対する重大な脅威」と位置付けて対策プランを策定し、全国の警察に摘発の強化を指示している。庁内に関連情報を集約、分析する委員会や対策室を設置したほか、全国の都道府県警にも同様の体制を敷き、同庁対策室の下で合同・共同捜査をする。併せて入国管理局、通信事業者、外国の捜査機関など外部との連携も強化している。

警察庁では犯罪インフラ対策を、犯罪を起こしにくくする根源的な対策と位置づけているのだ。対策プランではこの「犯罪インフラ」を以下の四つに分類している。

1　他人名義やレンタルの携帯電話、闇サイト、私設私書箱など「犯罪に関わる通信・運搬」
2　地下銀行や他人名義の預貯金口座など「犯罪収益の集金・送金」
3　不法就労や住居の転貸など「不法滞在者の生活」
4　偽装結婚や偽装養子縁組、偽造身分証など「資格・身分の偽装」

組対1課の主な仕事が、これら犯罪インフラのうち、2、3、4の取り締まりである。ちなみに1は特殊詐欺捜査を担当する刑事部捜査2課、犯罪抑止対策本部の担当となっている。

### 組対1課の組織編成

組対1課は警察総合庁舎の5階に本部となる拠点を構えている。組織の前身は公安部の外事特別捜査隊で、トップの課長には公安部出身のノンキャリア警視が就任することが習わしとなっている。

ナンバー2にあたる理事官は2名の警視がおり、1名は「国際犯罪対策官」、1名は「不正滞在対策官」として附置機関の「不正滞在対策室」を統括している。

組対1課の担当業務は主に以下の三つとなっている。

1　国際犯罪組織にかかわる総合的対策の企画および調整に関すること
2　国際犯罪組織にかかわる情報の収集、分析および管理並びに実態解明に関するこ

3　国際犯罪組織の国際的な活動にかかわる犯罪の取り締まりに関すること

組対1課と組対2課はともに外国人が対象となる国際犯罪捜査を担うが、1課は対象となる組織の実態把握・内偵捜査を主たる業務とするのに対して、2課は実際の事件に対処することになっている。組対1課はその前身の公安部の特性を活かした情報収集の捜査、いわゆる公安捜査を行なっていると言えるだろう。

不正滞在対策室とは

東京・文京区の某所。大通りからひとつ入った路地を進むと4階建ての建物が見えてくる。

警視庁富坂庁舎。通称・富坂庁舎は警視庁の各部がそれぞれ捜査班を置いている出動拠点でもある。刑事部、生活安全部の各捜査班も分室としての機能を置いているが、一般には公開されていない警察施設だ。組対1課がこの富坂庁舎に置いているのが、2004年5月に発足した「不正滞在対策室」である。設置の一番のねらいは不法滞在や仲介するブローカーに徹底して対峙しようということで、不正滞在対策室は犯罪インフラの撲滅に向けての活動を担う組対１課のスペシャルチームである。

不正滞在対策室は約50人体制で発足し、現在はおよそ倍の人員に増加しているとされている。前述の通り、対策室を統括するのは理事官（警視）の「不正滞在対策官」で公安部などを経験したベテラン警視が就任する。

不正滞在対策室には第１係から第７係までが置かれ、それぞれの係は警部である係長が統括する。それぞれの係は10人前後の捜査員で構成されている。

警視庁の分掌事務規程によると、不正滞在対策室は「外国人の不正な滞在の仲介、ほう助等をする国際犯罪組織の実態解明及び犯罪の取り締まりに関すること」を担当するとしている。対策室の捜査員は不法滞在、不法残留、密航者、偽装結婚などを摘発することが重要な任務となる。

## 蛇頭

密航の組織として、最も有名な存在が「蛇頭」だろう。スネークヘッドとも呼ばれる犯罪グループで、１９９０年代に中国人の不法入国が激化した頃から、その名が知られるようになった。蛇頭の手引きで不法入国し滞在する中国人は「人蛇（にんじゃ）」と呼ばれている。

１９８０年頃から１９９０年代末は蛇頭が日本の暴力団と組んで不法入国させるケースが多かったが、近年は特に中国からのビザ緩和も手伝って蛇頭による入国は減少しているという。法務省の統計によると、２００９年１月の全国の不法滞在者は約11万３０００人だったが、２０１４年１月では約５万９０００人と大幅に減っている。

偽装結婚に「士業」が関与

不正滞在対策室のもうひとつの重要ターゲットは「偽装結婚」である。外国人は日本国内で日本人と結婚することで、「永住資格」を得られる。日本で組織犯罪に手を染める外国人がのどから手が出るほど欲しい、この配偶者資格を得るために、実の子どもを利用するケースまで出てきている。

２０１４年11月、不正滞在対策室は、在留資格を得るためにうその出生届を提出したとして、電磁的公正証書原本不実記録・同供用容疑で、中国籍の飲食店従業員（25）の女を逮捕した。中国人男性との間に生まれた2歳の男児に日本国籍を取得させるため、偽装結婚した日本人男性（30）との間の子どもだとする虚偽の出生届を、神奈川県川崎市の高津区役所に提出したというのが逮捕容疑だ。調べに対し女は、離婚したのちに、本来の夫となるべき中国人男性と再婚する計画だったと述べた。こうすれば、子どもも夫も日本国籍の取得が可能になるのだ。

こうしたシンプルな偽装のみならず、最近は行政書士などいわゆる「士業」が虚偽の在留資格申請に関与する事案が目立っている。

「当事務所では入国管理局への申請において極めて高い許可率を誇っています」

これは２０１０年1月に警視庁が入管難民法違反の疑いで逮捕した行政書士のホームページの文面である。この行政書士は「外国人ビザ相談センター」と名乗り、ビザ申請の料金表も紹介していた。

逮捕容疑では、妻が設立した実体のない貿易会社に依頼者の中国人が勤務しているよう虚偽の在職証明書を作成し、滞在期間が長く就労可能な在留資格に変更するのを手助けしたとしている。

不法滞在対策室の捜査で、この行政書士は中国人向けの新聞にも広告を出し、約50人の中国人から依頼を受けた可能性があることも判明している。警視庁幹部は「行政書士が自らブローカーまでやっていたとは」と驚きを隠さない。

前述の通り、不法滞在者は減少傾向にある。しかし、法務省によれば、偽装結婚など不正な手法を用いた偽装滞在者の実数は把握しきれていないのが実情だという。

捜査関係者は「ブローカーに頼まれた行政書士が、偽の在職証明書などをもとに在留資格の申請を代行するケースが後を絶たない」と指摘している。問題は、行政書士が自らブローカーの役割を果たすのではなく、ブローカーから依頼を受けて書類の偽装を行なっただけでは入管難民法に罰則がないため、行政書士の刑事責任は問えない点だ。これでは、見て見ぬふりをして悪事に手を貸す者が出てきてしまう。

このため警視庁は、「偽装結婚の依頼者の氏名などを帳簿に記載しなかった」として行政書士法違反を適用するなど厳しい姿勢を打ち出している。2009年以降は、行政書士の処分権限を持つ東京都に通報し懲戒処分を求めるなどの措置も行なっている。

2010年2月には「不法滞在と知りながら韓国人の虚偽申請を手伝った」として、通報を受けた東京都が業務停止1年間の処分を下した事例もあった。日本行政書士会連合会も申請取り次ぎの研修会の際に「虚偽と知りながら申請を行なわない」とする誓約書の提出を義務付けている。また東京都行政書士会では、2009年11月から不正をした行政書士に申請取り次ぎをやめるよう勧告も行なっている。

こうした士業の関与の背景にも、暴力団をはじめ犯罪組織の影がちらついていると組対1課幹部は指摘する。

「蛇頭の仲介による密航は減ってきていても、隙をついて入国し不法に滞在しているのが現状だ。シノギがきつくなった暴力団や中国人マフィアが協力して不法滞在を後押ししている現状は変わっていない」

## 失踪する訪日客

観光客が「失踪」したうえで、都内の繁華街、新宿や池袋などに流れてきている可能性もある。福岡・長崎両県警は、２０１６年9月、観光目的のクルーズ船で入国した外国人が船に戻らずに失踪するケースが多発している実態を公表した。

外国クルーズ船の寄港数が２０１５年に２４５回と全国最多の博多港を抱える福岡県では、２０１５年に中国人11人が観光地や大型商業施設で行方不明となり、翌年は8月末までにさらに6人が失踪している。寄港数で2位の長崎港では２０１５年に11人、翌年8月末までに6人が失踪した。その合計は34人で、内訳は中国人が31人、ネパール人2人、フィリピン人1人とされている。

このような事態を引き起こしている原因として考えられるのが、入国審査の効率化である。クルーズ船での訪日外国人観光客数は2015年で111万6000人に上り、前年比で約2・7倍に膨れ上がった。大勢の外国人客に対応するため、入管当局は2015年1月から、写真撮影や口頭試問を省略。指紋採取のみで審査出来るようにしたほか、ビザの取得を不要にしていたのだ。インバウンド（外国人旅行者）増加の負の面である。

「中国のマフィア関係者が、クルーズ船に乗ってやって来る爆買いツアーの参加者に身分偽装して入国しているんだ。手引きしているのは日本の暴力団。荷物の個数制限も無く、審査も簡略化されているから1回の航海で数億円のカネが動き、違法薬物や拳銃も流入しているとみている」

と組対関係者は語っている。彼によると、日本国内で水面下に流通する約2万丁のヤミ拳銃のうち、中国製のトカレフが最も多く出回っているとみられるという。

組対1課では新たなタイプの不法入国事案として警戒・監視を強めている。

# 第8章　中国人犯罪者の跋扈——組対2課の現場

## ルーツは国際捜査課

組対2課は警視庁本部5階に拠点を置いている。組対1課が主に国際犯罪組織の「実態把握・内偵捜査」を行なっているのに対して、組対2課は国際犯罪組織の「事件捜査」が主な任務だ。

「この帽子に刻まれた文字が組対2課のルーツなんだ」

筆者に説明してくれたのは組対2課のベテラン捜査員。手にした帽子には「ＩＣＩＤ」という金色の文字が刻まれている。ＩＣＩＤとは、組対2課の前身にあたる刑事部国際捜査課を英訳した「International Criminal Investigation Division」の頭文字を取ったものだ。組対2課の捜査員は、現在もこの帽子を身につけて事件の現場に駆けつける。

捜査員によると、国際捜査課から始まった自らの組織を「リスペクト」していた初代の組対2課長が帽子を引き継ぎ、それが今も受け継がれているのだという。

その国際捜査課は1988年に、フランス人のグループによる東京・有楽町での3億円強奪事件（1986年発生）を契機に生まれた。発足当初は警視庁と警察庁との連絡・調整が主な業務だった。しかし折しも外国人犯罪が増加し始めた時期で、不法入国者も増え始めていた。そうした時代背景の中で国際捜査課の存在感が増していくことになる。

発足12年後の2000年、国際捜査課に設置されたのが「情報班」だ。面識のない外国人グループ同士が離合集散し、犯行後いち早く海外に逃亡する——こうした「ヒットアンドアウェー」型の組織犯罪には従来型の捜査手法では歯が立たなくなっており、公安警察が得意とする手法で対峙する必要に迫られていたのだ。

そこで、国際捜査課は情報班を設置し、公安捜査の手法を積極的に取り入れることにしたというわけだ。相手の組織にエス・情報提供者を育成したり、逮捕した関係者をエスにしたり、微罪で検挙した関係者から情報を引き出したりといった手法である。

こうして得られた情報は、課内でデータベース化されていった。国際犯罪捜査のプロ集団が組対の設置に伴い、「組対2課」に生まれ変わったのだ。

現在、組対2課には捜査係が21もある。このうち第1捜査係は事件の調整を行なっている。

「事件の調整とはどの捜査にどこの係を何人送り込むかなどを判断することを指す。この第1捜査係長は組対2課の現場の司令塔。捜査員の個々の力量を全て把握していないと務まらないポスト」（組対2課幹部）

第1捜査係にはさらに特殊な任務が与えられている。分掌事務規程に「航空機内で行なわれた犯罪、その他、ある種の行為に関する条約第13条の規定の実施の法律に関すること」と定められているように、ハイジャックなど航空機内での犯罪にも対処するのだ。

第2捜査係は「国際捜査共助及び国際犯罪捜査に関する企画、指導、調査、研究並びに内外関係機関との連携」「在日米軍に関する犯罪の捜査」を担当している。国際捜査共助とはＦＢＩ（米連邦捜査局）など海外の捜査・司法機関との連携業務のことを指す。国際犯罪組織を封じ込めるためには海外の捜査機関との連携が何よりも重要となる。

第2捜査係が取り組むのが、国外に逃亡した容疑者がいる国に自国の法律（国外犯処罰規定）で処罰を求める、いわゆる「処罰要請」を行なうことである。ちなみに日本の警察当局がこの処罰要請を最も多く行なう対象国は中国である。

## 中国人組織が捜査対象

組対2課が最重要の捜査対象として監視・実態把握を行なっているのは暴走族グループ「怒羅権（ドラゴン）」（または「チャイニーズドラゴン」）だ。中国残留孤児2世、3世を中心にして1988年に結成された暴走族グループで、当時中国からの帰国者が入居していた「常盤寮」があった東京・江戸川区が誕生の地とされている。捜査関係者が説明する。

「ドラゴン、龍は一般に中国のことを指す。しかし彼らの『怒羅権』には別の意味もある。『怒』は、日本人からのいじめに対する『怒り』から、『羅』は、強敵を倒す『羅漢』から、『権』は、自分たちの『権利』を守るという意味から取られている」

彼らの凶暴化はある事件がきっかけだったと、この捜査関係者は続ける。

「メンバーらは都内の残留孤児2世を受け入れる限られた高校に通っていた。日本語が不自由だった彼らの中にはここで日本人から凄絶ないじめを受ける者もいたんだ。1989年には残留孤児2世の女子高校生が日本の暴走族グループに乱暴される事件が起こった。報復が怒羅権と日本の暴走族との本格的な抗争に発展した」

木刀やナイフ、青龍刀などで武装した怒羅権は、最終的には対立する日本の暴走族を傘下に置いてしまう。そこから更に凶暴性を増していったという。

「最盛期は３００人以上のメンバーが集まった。凶暴化した彼らの行き着いた先はれっきとした犯罪集団だ」（捜査関係者）

## 影のリーダーとの攻防

凶暴化した怒羅権メンバーは強盗や麻薬の取引などに乗り出すようになる。

「怒羅権の組織内では吉林、遼寧、黒竜江省の中国東北部の出身者が力を増していくようになった。このころ残留孤児２世、３世の集団から黒社会とよばれる本格的な中国マフィアに変貌した。そして大偉（ターウェイ）という男を統括役に頂いていくつかのグループに枝分かれしていった」（同）

大偉は１９６６年、中国・黒竜江省生まれ。日本名は佐藤威夫だ。怒羅権の影のボスとされ、メンバーを統率していたほか、１９９０年代半ばに台頭していた日中混成強盗団のリーダーとされている。

警察関係者によると、父親は中国共産党の元幹部で母親は終戦時に満州に取り残された日本人だという。少年時代に周囲の中国人からも猛烈ないじめを受け続けて来たという。しかし、大偉は持ち前の気力でいじめにも耐え、逆に相手を叩きのめすなどこの頃から「理不尽には暴力で対抗」することを実践していく。

17歳で人民解放軍に入った後、20歳で母親・親族らと来日。23歳ごろには友人らと貿易会社を起こすなど、商才、リーダーシップを遺憾なく発揮して、日本の中国人社会の中で頭角を現していったという。

「大偉は新宿歌舞伎町でおよそ100人のメンバーを従え風俗店などの経営に乗り出した。さらにパチンコの裏ロム販売、窃盗品の販売など非合法な商売も手掛けた。そして勢力は葛西、錦糸町、上野にも及んでいった。傘下のグループから上納金を受け取っていたが、指示の出し方が巧みだから尻尾をつかませない。頭が切れる印象だった」（元警視庁幹部）

大偉は怒羅権の各種犯罪の指示、関与をしていたとみられたものの、長きにわたって警察当局に検挙されることはなかった。ようやく警察が彼の身柄を取ることが出来たのは2005年2月だった。逮捕の状況は以下のようなものだったという。

## 大物の逮捕

「A班配置完了」
「B班完了」
「C班完了」

組対2課管理官ら幹部が乗り込む捜査指揮車の無線機器に配置完了の報告が入る。各班のピリピリした様子を管理官は無線の声で感じ取っていた。

葛飾区東新小岩にある大偉が住むマンションの周辺を固めていたのは、組対2課の捜査員20名。武装した大偉らの反撃に備え、完全武装の警視庁機動隊も後方に控えている。

容疑は覚せい剤の所持と使用だった。組対2課・第3捜査係の情報班が運営するエスからの情報にもとづいて、数ヶ月に及ぶ内偵捜査の結果、大偉が覚せい剤を入手し使用していることが判明していたのだ。

「検挙には慎重に慎重を重ねた。これまで何度も身柄を押さえてきたが不起訴などになって、まんまと逃げられてきたから」（元警視庁幹部）

現場からはマンション室内には大偉を含めた5人がいるとの報告が入っていた。

「着手！」

管理官が無線で指示すると部屋の入り口前の捜査員10名は、管理人から受け取った鍵でドアを開け、素早くチェーンロックを大型カッターで断ち切る。

「そのまま動くな！」

捜査班長の警部が叫び、防弾チョッキを身につけ、特殊警棒を手にした捜査員が一気に室内になだれ込む。大偉たちはリビングで車座になっていた。その場にいた中国人の1人はまさに覚せい剤を吸引しようとしていた。

「覚せい剤取締法違反容疑で逮捕する」

警部の指示でついに大偉に手錠がかけられた。

「現場より捜査指揮車。大偉ら5人を逮捕」

この報告を聞き、指揮官車の管理官らは歓喜した。怒羅権のリーダーとされた男の逮捕。警視庁の悲願が実った瞬間だった。素早く実施された家宅捜索で室内からは覚せい剤10グラムが見つかっている。

その後、大偉は有罪判決を受け服役。数年後に満期出所したが、警視庁は出所後の動向を徹底的に監視していたようだ。しかし、同じ轍は踏まないと判断したのか、再度、逮捕されることを怖れた大偉は母国に帰ってしまう。捜査関係者によると、中国の国内を転々と移動した後、現在は北京市内にいるとみられるという。

捜査関係者によると怒羅権はその後、ナンバー2とされる男を実質的リーダーとするグループを中心に、別の中国マフィアや日本の暴力団、それに関東連合OBとも一部連携しているという。

## タイアップ犯罪が深刻化

組対2課は大偉が帰国した後も、次々と他のグループの幹部らを摘発し、弱体化を狙っていった。しかし、そうした警察の徹底した取り締まりに怒羅権も対抗している。捜査関係者によると今なお都内や近郊には七つのグループが存在し、約３００人のメンバーがいるとされている。

「２０１１年には怒羅権をチャイニーズドラゴンとカタカナ表記で呼ぶように警察庁から通達が来た。怒羅権は暴走族集団の名称だったが、それぞれのグループの活動が暴走族だけにとどまらないものになってきていたのは確かだった。カタカナ表記にしたのは怒羅権のすべてのグループを総合的犯罪集団と位置づける意味合いを強くしたということなんだろう」（捜査関係者）

名称を変えただけではない。警察庁は2013年、暴走族グループの関東連合とともに、チャイニーズドラゴンを「準暴力団」と認定。徹底して取り締まっていく方針を定めたのである。

準暴力団に認定したことで警察当局、特に組対2課は更に取り締まりを強化する方針だ。しかし、ある捜査関係者は深刻な表情で言う。

「準暴力団に認定されたことで、チャイニーズドラゴンはこれまでのように動き回ることはできなくなった。しかしそれは同時にアングラ化を促してしまう。より見えにくい犯罪にシフトしていってているんだ」

捜査関係者によると、「危険ドラッグ製造販売」と「拳銃密売」の分野で、彼らと暴力団など犯罪組織同士のタイアップ犯罪が深刻化しているのだという。

「危険ドラッグへの包囲網は整いつつあるが、いたちごっこは続いている。製造には中国の怪しげな化学メーカーが絡んでいる。今出回っている危険ドラッグのほとんどは中国産。日本の暴力団とも流通ルートなどで上手く協力し合っている。拳銃も然りで、中国製の改造拳銃がヒットマンとセットで取引されているくらいだ。そうした中国と日本の犯罪の橋渡し役となっているのがいまのチャイニーズドラゴンなんだ」

中国のみならず東南アジア諸国では、日本の暴力団の名前の持つ威光は健在で、チャイニーズドラゴンをはじめ、暴力団と組みたがる国際犯罪組織が後を絶たないとされている。カンボジアのプノンペンには日本の指定暴力団が現地事務所を置いている。警察関係者によると、暴排条例が全国的に整った２０１１年末頃から関西や関東の指定暴力団がカンボジアやフィリピン、タイに現地事務所を相次いで開設。フロント企業を興し、カジノや飲食店を経営しているという。海外では暴対法も適用されないため、縦横無尽に動き回ることが出来る自由があるのだ。

これに対抗するために、組対側も柔軟な体制で臨むようになっているという。

「暴力団と別の犯罪組織のタイアップが増えてきている中で、こちらも横の連携をスムーズに行なえるようにしている。暴力団が少しでも関与していれば組対４課。拳銃・薬物なら組対５課。事件の内容に応じて組対では柔軟に捜査班が結成され、現場に派遣されるようになっている」（組対幹部）

組対幹部によると、こうした連携捜査は近年益々増える傾向にあるという。タイアップ犯罪に対処するための対抗措置と言えるだろう。

## 中国との捜査協力

2015年1月6日、成田空港の通路を警視庁組対2課の捜査員に両脇を固められた男が歩いてくる。

報道陣から一斉にフラッシュが焚かれた。男は堂々と前を向いて歩き、その鋭い視線で周囲を威圧しているようにも見える。当時33歳のこの男は、チャイニーズドラゴン内の最大集団とされるTグループのリーダーだった。

逮捕容疑は旅券法違反。傷害事件で有罪判決を受けて執行猶予中だった事実を申告しないで、2011年3月に都内のパスポートセンターで一般旅券を取得したというものだった。この容疑で逮捕状が出ていることを察知した男は同年12月に中国に逃亡していたが、現地公安当局に身柄を拘束された。

そして現地で3年余り服役した後、警視庁に身柄を引き渡されることになって、この日に航空機内で日本に入ったところで逮捕となったのだ。

日本と中国の間には犯罪者の身柄を引き渡す条約が交わされていない。このため中国に逃亡したとみられる容疑者に対しては、日本側は中国での身柄拘束など処罰を求めることになっている。

このように日本と中国の警察当局の交流が始まったのは１９９４年。日本では外国人、とりわけ中国人の犯罪が急増していた時期だった。中国側が日本側の処罰要請にもとづいて、初めて動いたのが、２０００年12月に東京・江戸川区で信用金庫職員が襲われた強盗殺人事件だ。中国に逃亡していた容疑者の男は、２００２年８月に中国本土で警察当局に身柄を確保され国外退去処分となった。そして、日本で逮捕されたのである。日本と中国の間で条約は交わされていなかったが、これが容疑者の身柄引き渡しの初のケースとなった。

# 第9章　新たな犯罪者集団との対峙——組織犯罪対策特別捜査隊の現場

## 組対の機動捜査部隊

豊島区内のとある民間ビルには、警視庁第2池袋分庁舎が密かに設けられている。ここにあるのが警視庁組対部「組織犯罪対策特別捜査隊」、通称・組特隊（そとくたい）だ。一部の警察関係者の間では、組対特捜（そたいとくそう）とも呼ばれている。

およそ150人から成る組特隊は、組対で遊軍的な活動をする執行隊だ。執行隊とは本部と所轄の中間に位置づけられる警察部隊のこと。警備部の機動隊、刑事部の機動捜査隊、生活安全部の生活安全特別捜査隊、交通部の交通機動隊も執行隊に該当する。

現在、組特隊の担当業務は大きく分けて二つある。一つは「偽造カード犯罪にかかわる捜査、組織の実態把握、情報分析」で、これは設立当初から変わらない。もう一つは暴走族グループ関東連合の出身者の実態把握、監視、摘発である。こちらの業務は、2012年9月に発生した六本木フラワー襲撃事件以降、新たに加わった。

　これら二つのメイン業務以外に、組対の他の課の事件に応援部隊として投入されることもある。また組対部長からの特命事件も担当する。

　隊長を務めるのは主に公安捜査を経験したノンキャリア警視。その下に管理官でもある副隊長の2人の警視が隊長を補佐しながら「捜査班」を統括することになっている。隊員は、公安部、刑事部、生活安全部出身の精鋭ぞろいで、それぞれ「特別捜査班」に所属し日夜捜査に当たっている。そして各捜査班をまとめ、指揮するのは警部の「班長」である。

　組特隊の本部がある第2池袋分庁舎には第1特別捜査班から第5特別捜査班が置かれ、新宿区内に密かに設けられた新宿分庁舎には第6特別捜査班から第12特別捜査班が置かれている。

## 偽造カード事件を専門捜査

　メイン業務の一つ「偽造カード犯罪」から見ていこう。

「スキミング」という言葉を聞いたことがある方も多いだろう。他人のカード情報を盗み取る行為のことで、入手した情報をもとに限度額一杯まで買い物やキャッシングを繰り返す犯罪行為だ。組特隊幹部は言う。

「偽造カードを作るにあたっての基本はスキミング。飲食店で支払いの際にスキマーと呼ばれる機械を通して情報を盗む。カード自体は盗まず情報だけ盗むということだ。その後、原板と呼ばれる白カードに盗んだカード情報を入力して偽造カードが出来上がるというわけだ。原板は密輸で入手したもの。偽造カードを使って品物を購入したあとで売り払って現金化するという手口が一般的だ」

相当手間がかかるだけあって、偽造カード犯罪は、ほぼ100％が組織犯罪だ。それもカード情報を窃取するグループ、カードを製造するグループ、出し子を管理するグループなど犯罪組織が有機的に絡み合っていることが多い。そしてこの偽造カード犯罪の中心には中国人グループがあるという。

「組織の中心は『犯罪公司』の中国人だ。原板の調達を本国からの密輸で賄い、カード情報を盗み出す作業も中国人が行なう。そして実際に偽造カードを使うのは、日本人のホームレス。カードを使ったやつはいつでも切れるトカゲの尻尾でいいわけだ。ピラミ

ッド型の組織構造だから首謀者にたどりつくのは困難を極める」（同）

この組織構造は、振り込め詐欺グループのそれと同様である。犯罪公司とは中国人の黒幕が仕切る犯罪集団だ。公司は中国語で「コンス」と読み「会社」という意味を持つ。

犯罪公司の黒幕が日本の暴力団から資産家のリストなどの情報を手に入れる。それを犯罪公司におろす。そして中国人が中心となる実行部隊が編成される。

さらに、犯罪公司には「強盗・誘拐班」「ピッキング（特殊開錠用具による窃盗）班」「偽造カード・地下銀行班」の三つの班があるのだという。それらのグループを現場まで運搬するのが「車頭」と呼ばれる運転担当者だ。チャートで示すと以下のような命令系統になる。

日本の暴力団【資産家リストなどを情報提供】

↓

黒　幕【中国人組織。下見や計画担当】

↓

犯罪公司【中国人組織。元締め】

手配師・車頭　←【実行部隊の手配。実行犯を車で現場へ運ぶ】

強盗・誘拐班　偽造カード・地下銀行班　ピッキング班　←

犯罪公司は暴力団と実行部隊の橋渡し役と、さらに内部では班も分けて分業制にすることでメンバー間の競争心もあおっていた。黒幕は実行部隊とは直接のつながりを持たないので捜査の手も及ばない。構成するメンバーは中国籍の男女がほとんどとされる。

「1990年代に日本中を席巻した日中混成強盗団と呼ばれていた犯罪グループも実は犯罪公司を通じて集まったメンバーだ」（元警視庁幹部）

当時、彼らは「ヒットアンドアウェー」の手口を用いて全国各地で窃盗や強盗事件を繰り返していた。代表的な事件は山形県で発生した強盗殺人事件である。2001年4月、山形県のある町の一軒家に4人の中国人が押し掛け応対した女性を刺殺し、その娘にも重傷を負わせるなどした凶悪極まりない犯行だった。

犯人グループが「カネ、カネ、キンコ」と口走ることから、この種の事件は、警察内部では「K号事件」と呼ばれている。

この事件に限らず、1995年の八王子のスーパーナンペイ拳銃使用強盗殺人事件、2009年に板橋区で発生した資産家夫婦殺人放火事件、同年の大田区の独居老人強盗殺人事件など、凶暴なやり口の強盗事件で未解決のものも少なくない。捜査関係者は、中国人グループを中心とする犯罪公司の関与の可能性もあると見ている。

## 国際犯罪組織の影

日本を狙っているのは、中国の犯罪者だけではない。偽造カード犯罪では、2013年から2014年にかけてルーマニア人のグループによる大規模な事件が起きている。2013年7月、日本など二十数ヶ国の金融機関のATMから約45億円が不正に引き出された事件に関連して、組特隊は窃盗と不正作出支払い用カード電磁的記録供用の疑いで、ルーマニア国籍の男3人の逮捕状を取った。

東京都内では2013年2月、ゆうちょ銀行とセブン銀行、シティバンク銀行の計約220のATMから約8時間で約9億円が引き出されたことが判明している。キャッシング機能で引き出された現金は海外の銀行の資金だったため、三つの銀行の預金者などに被害はなかった。

手配された3人は犯行直後に日本を出国しており、組特隊は警察庁を通じて国際刑事警察機構(ICPO)に国際手配を要請。3人のほかに男女6人が関与したとみて、防犯カメラに写った6人の画像を公開している。

事件からおよそ1年後の2014年、組特隊は、偽造カードを使って東京都内のATMから現金を引き出したとして、窃盗容疑などでルーマニア国籍の51歳の男を再逮捕した。この男は逮捕状が出ていた3人、防犯カメラに写っていた6人とは別の人物だった。男は別の偽造カードで現金を引き出した容疑で逮捕されていた。

「フランスにいるルーマニア人に、不正なデータを自分のカードに入れてもらった」

男は調べに対してこう述べたという。

男はどのようにして捜査の網にかかったのか。実はグローバルな偽造カード犯罪については ICPOを通じて各国の関係当局と警察庁刑事局・警視庁組対部との間で活発な情報交換が交わされている。この男についても早期に特定し、網にかかったらいつでも身柄を押さえられるよう態勢を整えていたのだ。日本の空港に降り立った時から組特隊は男への捜査を開始し、追尾していた。そのためコンビニでのカード使用を現認すると、

ATMでの引き出し記録などを調べたうえでスピード逮捕することが可能だったのだ。
「偽造カード犯罪は中国系組織やヨーロッパ系組織、アフリカ系の組織などさまざまな組織が違法な資金獲得手段にしている。国際犯罪だけに追跡捜査は困難を極めるが、関係機関との情報交換は密にしている」（組対幹部）
組特隊ではそれぞれの組織の検挙データを、入念に分析して蓄積。偽造カード犯罪捜査に活用しているという。

## 100人以上が一斉引き出し

ルーマニアの組織が関与したとみられる事件が発生してから2年余り。

「ネットワーク管理が弱い日本がまた標的になった」

警察庁関係者は悔しさをにじませながらこう漏らした。2016年5月15日、日本国内各地のコンビニATMから短時間のうちに不正に現金が引き出される事件が発生したのだ。

「午前5時頃から約3時間で全国17都府県のATM1700台から、偽造カードで総額18億円以上の現金が引き出された」（警視庁幹部）

この時、偽造に使われた情報は南アフリカの銀行から流出したとみられている。17都府県、1700台という規模から見て、100人以上の出し子（現金引き出し役）が関与したとされている。この規模の大きさは警察当局に衝撃を与えた。

国際組織犯罪として事態を重く見た警察庁は、一刻も早い犯行グループ検挙を通達。事件の捜査は警察庁刑事局組織犯罪対策部が全体を指揮する形となり、偽造カード犯罪に捜査ノウハウを持つ警視庁組特隊が全国警察の捜査の中心となった。

警視庁管内では都内各地、少なくとも五つの警察署が出し子の行方を追っている。具体的には犯行が行なわれたATMのあるコンビニの防犯カメラの画像分析が捜査の端緒となった。

例えばあるコンビニの防犯画像を分析すると、画像にはマスクとフードで顔を隠した男が共犯者の運転する車でコンビニに乗り付け、ATMで現金を引き出す一部始終が記録されていた。これらの画像は警視庁本部のSSBCで詳細な分析が行なわれる。

「運転免許台帳の顔写真との照合、Nシステムや防犯カメラの画像との顔認証を大型コンピュータによるビッグデータ分析で実施する」（捜査関係者）

この手法によって容疑者を絞り込んだ組特隊は、同年6月6日、東京都北区の塗装工の男（34）を不正作出支払い用カード電磁的記録供用と窃盗の疑いで逮捕した。男は５月15日午前７時49分から52分のわずか３分の間に、70万円を引き出したとみられている。

もちろん、この男は末端である出し子の１人に過ぎない。警視庁をはじめ警察当局は出し子を次々と検挙していく。そして警察当局は逮捕した出し子の供述などから、事件の背後関係に迫っていった。

暴力団の関与

一斉引き出しからおよそ３ヶ月後の２０１６年８月24日。警視庁組特隊は窃盗の疑いなどで、札幌市の指定暴力団幹部（37）と組員（32）を逮捕した。

捜査関係者によると、２人は事件が発生した同年５月15日午前４時頃、新宿区内のレストランに複数の「引き出し役」を呼び出し、偽造カードを10枚ずつ配ったという。

「１回あたり、限度額の10万円を引き出せ」

組特隊では暴力団幹部らが、ＡＴＭから引き出された現金と偽造カードを回収していたことから、この２人が都内での事件を主導していたとみている。さらに警察庁によると、事件には少なくとも六つの指定暴力団が関わっていることが判明。２０１６年10月末現在で、傘下組織の組員ら11人が全国の警察により逮捕されている。

## 仲介組織が主導

事件が発生した1ヶ月後の2016年6月、東京・霞が関の警察庁を南アフリカ国家警察の捜査幹部が訪れていた。事件の情報交換と対応を改めて協議するための「会談」である。

警察庁関係者によると、南アフリカ国家警察の捜査幹部はさらに、「南アのスタンダード銀行がサイバー攻撃を受けてカード情報が盗まれた」と明かしたという。スタンダード銀行のシステムには払い出しを承認した痕跡は見つからなかった。これはサイバー攻撃によってシステムが麻痺していたことを意味する。

キャッシング機能では、カードの発行元のシステムが暗証番号や顧客情報を承認することで現金が払い出される仕組みとなっている。何者かによるサイバー攻撃でこのシステムの承認機能が麻痺させられていたのだ。警察庁によると、攻撃の手口から海外のハッカー組織の可能性が高いとみている。

捜査関係者によると、不正に引き出された18億円の分配は、末端の実行犯である出し子には引き出された総額の数%、出し子の取りまとめ役の取り分は10%程度で、大部分は暴力団に上納された可能性が高いという。さらに引き出し直前にスタンダード銀行にサイバー攻撃を行なったとされる国際犯罪組織、仲介役の犯罪組織にも多額の報酬が渡っているとされる。

「サイバー攻撃を実行したハッカー組織と連携して銀行のカード情報を入手し、引き出しのタイミングの指示を出したのは仲介役の犯罪組織だ。つまり、日本の暴力団とサイバー攻撃を実行した組織を結びつけ、事件の絵を描いた（主導した）のは仲介役の組織だろう」（警察庁幹部）

警視庁組特隊など警察当局は日本の暴力団の上層部の関与も視野に、全容解明を目指し捜査を続けている。

# 第10章　マネー・ロンダリング捜査の精鋭たち——組対総務課の現場

## 組対の筆頭課

「総務課」というと企業の場合は「何でも屋」「雑用係」といったイメージもある。しかし、前述の通り、組対においては各課を統括するという重大なセクションである。いわば「司令塔」の役割を果たしているのが組織犯罪対策総務課だ。

そのため人員も豊富だ。組対総務課に所属する捜査員はおよそ１５０人。課長を務めるのは代々、刑事部門や組織犯罪対策部門での経験が豊富な40代の警察庁キャリアである。

組対総務課は課内に次の六つの係を持つ。

1　庶務係
2　組織犯罪対策企画係
3　組織犯罪対策管理係
4　組織犯罪対策情報係
5　組織犯罪対策指導係
6　組織犯罪対策教養係

この他に、附置機関「マネー・ローンダリング対策室（以下、マネロン対策室）」を設けている（一般にはマネー・ロンダリングと呼ばれるが、対策室名は「マネー・ローンダリング」となっている）。

マル暴刑事の指導部門

100頁で触れたように、警察内部での「教養」とは民間企業で言う「研修」のことである。「教養」は全ての警察官の職業人生で一生伴うものだ。たとえば警察官になるためには「初任科教養」を受けなくてはならないし、その後も階級が上がるごとに各種の教養を受けなければならない。

警視庁内でこの教養の伝承を担当するのが、通称「技能指導官」と呼ばれるプロたちである。日本最大の警察組織とされる警視庁も昨今、団塊世代の大量退職が進み、捜査ノウハウの伝承が喫緊の課題とされている。こうしたことから警視庁では捜査部門を中心に各課のベテラン50人ほどが、毎年「技能指導官」として指定され後進への指導・育成を行なっているのだ。

その中で組対捜査員の「教養」を担っているのが組対総務課の組織犯罪対策教養係である。その仕事ぶりをご紹介しよう。

筆者が取材したのは、2013年4月に組対の技能指導官の「組織犯罪対策技能伝承官」として任命された捜査員。組織犯罪対策指導係を経て、現在は所轄の池袋警察署で指導にあたるベテランである。

彼は勤続34年のうち、20年以上を刑事部や生活安全部、組対で過ごしたという経歴の持ち主。剣道の有段者でもあり、特に組織犯罪捜査における情報収集の卓越した技能・手法が高く評価され、技能指導官に任命された。現在も専科教養など各種講習、特に情報収集の技能の伝承に務めている。

「エスの作り方なんてどこにも書かれていない。安きに流れるな。脳みそが汗をかくくらい頭を使え」

「対象に食らいついたら離れないこと」

「意中の女性を口説く気持ちで対象をモノにしろ」

　後進たちに厳しく伝えながら、自ら同行して実践指導を行ない、組織犯罪捜査の手法の伝承につとめている。

「いまの若い捜査員はものわかりがいいお利口さんが多くて押しも弱い。特に聞き込みの力が落ちている。まずは防犯カメラ捜査から始めてしまうんだ。カメラというのはいい面もあれば悪い面もある。映っていなかったらアウトだから。刑事はホシの情報をいかに密度濃く早く仕入れるか。各部のベテラン捜査員はあと2、3年で完全に引退する。捜査ノウハウの伝承は本当に喫緊の課題なんだ」（元警視庁幹部）

　彼らの卓越した捜査手法・技能の伝承はこうした危機感を背に、組対のみならず警視庁全ての部署で今も進められているのだ。

## マネロン捜査のプロ集団

犯罪組織にとって、その組織運営や勢力拡大に欠かせないのは「カネ」に他ならない。

文京区内の警視庁富坂庁舎に拠点を構え、100人体制で日夜捜査に当たっているのが、前述のマネロン対策室だ。

マネー・ロンダリング（以下マネロン）は「資金洗浄」とも呼ばれ、不法な収益を合法的に得た収益に見せかけることを指す。日本のマネロン捜査のエポックメイキングとされるのが、警視庁と愛知県警などが合同捜査本部を設置し暴力団組織を摘発したいわゆる「五菱会・ヤミ金事件」である。

2003年、警視庁などの合同捜査本部は、高い違法な金利で貸し付けを行なう闇金融業者グループを一斉に摘発した。捜査の結果、指定暴力団がこの業者グループの背後で暗躍しており、違法な収益を吸い上げていたことがわかったのだ。

この捜査の中心を担ったのが、当時発足したばかりのマネロン対策室だった。闇金融業者の摘発から浮かび上がったのは「割引債」「アメリカドル換算」などを巧みに用いて、犯罪収益をカバーする手口だったという。

この種のマネロン事件を規制した法律が組織的犯罪処罰法、通称・マネロン法である。

正式名称は、「組織的な犯罪の処罰及び犯罪収益の規制等に関する法律」で1999年8月に成立している。

組織犯罪に最も効果的な捜査手法は、組織が得た犯罪収益や築いた財産を没収してしまうこと、つまり「カネの蛇口を止めること」だろう。マネロン法では「犯罪を実行するために作られた組織による不法行為」や「組織のために不正な利益を得て、組織を拡大するために犯した違法行為」を「組織的犯罪」と規定している。

マネロン捜査では、まず判明している収益を「犯罪によって得られた収益」と定義する捜査が進められる。これらの収益を、例えば架空の名義の口座で預金し隠匿すれば「マネロン行為」となり処罰の対象となる。また犯罪収益を没収する規定では、金融債権などの預金全体を没収できるとしている。

さらに処罰法では「疑わしい取引」の届け出制度も拡充されるようになっている。

### 特別捜査官も参入

マネロン対策室で特徴的なのは、捜査員のバックボーンが多様だという点だろう。刑事部の捜査2課や生活安全部生活経済課などの経歴が長く知能犯捜査、金融犯罪捜査に精通したベテランをはじめ、マル暴刑事集団の組対4課の出身者も含まれる。

さらにマネロン捜査を側面から支えるのが「財務捜査官」だ。財務捜査官は特別捜査官として中途採用されるもので、いわゆるプロパーの警察官ではない。「カネの流れ」をプロの視点で捜査する財務捜査官の基本的な採用条件は、銀行や証券会社、調査会社での5年以上の職務経験、公認会計士や税理士として5年以上の活動経験。「巡査部長・警部補」からの任用となる。

こうした多様な人材が個人のカネの移動、対象となる企業の資金の移動に目を光らせているのだ。

## マネロン捜査の実態

「マネロン事件は地道な捜査の一言に尽きる。切った張ったの現場が無い代わりに膨大な資料の精査、聞き込みが鍵となる」

語るのは警視庁生活安全部生活経済課に所属していた経歴を持つ組対総務課の捜査員。ちなみに生活経済課は主にヤミ金融犯罪捜査を担当するセクション。ヤミ金融は背後で暴力団が実権を握り、違法な収益を上納させている実態がある。そうしたことから組対とも連携捜査したり、人材交流がはかられたりしている。

マネロン捜査は、カネの流れを追うので、基本は銀行が相手だ。銀行で取引が行なわれれば必ずカネの移動の記録が残っているものだ。銀行への捜査協力を要請し、対象者の口座の出入金記録を調べるのだ。

「銀行にはあらかじめ告げずに行く。事前に要請すると情報が対象者に洩れてしまうことが多々あるからだ。銀行はあくまで預金者保護の名のもとに預金者のほうを向いているからね。中には対象者と通じている銀行関係者もいる。その要素が強そうな銀行の場合、犯罪収益移転防止法違反容疑で捜索令状を取ることもある」（組対捜査関係者）

もちろん、銀行を介さず、地下銀行や直接、現金をやりとりしている場合もある。むしろ、暴力団などの関わる金融犯罪では、そうした水面下での資金のやり取りが圧倒的に多い。捜査は対象者やあらゆる相関関係者への「聞き込み」など「鑑捜査」で追い詰めていく。

こうして得られた情報は「チャート」にまとめられていく。チャートとは、犯罪組織の指揮命令系統、相関関係などが対象者の顔写真や経歴とともに一覧で記されているものだ。作成するのは、組対の各捜査班の班長にあたる警部クラスの捜査員だ。

「組織が相手だから、こちらも組織力で対抗するしかない。首謀者まで突き上げるには、地道な一見関係なさそうと思える鑑の情報（交友関係・人間関係）も積み上げていかなくてはいけない。複雑な組織の概要をうまくチャートに落とし込める班長が評価されるし、捜査進展にもつながる」（組対幹部）

## JAFICと連携

マネロン捜査は時に国をまたぐ大掛かりな組織犯罪捜査となるため、警察庁との連携が欠かせない。その警察庁でマネロン捜査にあたっているのが17階の1室にある「犯罪収益移転防止対策室」である。略称JAFIC（Japan Financial Intelligence Center）と呼ばれるこの組織は、2007年4月に警察庁刑事局に置かれる組織犯罪対策部の中に発足した。警察庁キャリアの対策室長を筆頭に、100人近いスタッフが詰めており、犯罪統括分析官の指揮の下、およそ30人が金融機関などから提出された「疑わしい取引」の届け出を集約し分析している。

2007年に成立した犯罪収益移転防止法によって、これまで金融庁に届けられていた疑わしい取引の届け出先はこのJAFICとなっている。多くの場合、マネロンには海外口座などが用いられているが、その情報を国内の警察組織が捕捉するのは難しい。こうした情報は金融庁にもたらされることも多いのだ。

そもそも日本のマネロン対策は「外圧」がきっかけで進展してきた経緯がある。1989年のサミットで、金融活動作業部会（FATF＝Financial Action Task Force on Money Laundering）が発足した。グローバルに行なわれるマネロン対策のための国際的会合である。

この会合は、2001年のアメリカ同時多発テロ以降、テロ資金供与への国際的な対策を決める際に、司令塔的役割を果たしており、OECD加盟国のほとんどが加盟している。マネロン対策のために各国が執行する金融分野での規制措置を「勧告」としてまとめ提言することになっている。勧告の骨子には以下の6点が含まれている。「マネロンを犯罪と規定すること」「犯罪収益を没収、追徴すること」「顧客を管理する措置を取ること」「疑わしい取引の届け出」「内部管理制度を構築すること」「テロ資金への供与は犯罪とすること」。

日本でもこの勧告を受けて、「疑わしい取引の届け出」と金融機関での「本人確認」が義務づけられるようになった。当初は薬物取引に関するものだけが対象だったが「一定の重大犯罪」、つまり殺人、傷害、拳銃犯罪、詐欺などの犯罪に関しての資金移動などについても届け出る義務が課せられたのだ。

国内でも法整備が進められ、前述の通り2007年には「犯罪収益移転防止法」が成立した。疑わしい取引の届け出が金融機関以外の事業者にも義務づけられるようになったのだ。

具体的には、ファイナンスリース事業者、クレジットカード事業者、宅地建物取引業者、宝石・貴金属取り扱い事業者、郵便物受け取りサービス業者、電話受付代行業者、司法書士、行政書士、弁護士、公認会計士、税理士が届け出を義務づけられるようになった。

2013年に同法はさらに改正され電話転送サービス事業者が加わったほか、取引の際の確認事項に「実質的支配者」、200万円を超える財産の移転を伴う取引について資産、収入状況確認も義務づけられている。

ちなみに実質的支配者とはおよそ4分の1を超える議決権を持つ株主をいう。届け出られた情報は、警察庁のJAFICが集約し警視庁をはじめ全国の警察に提供され、マネロン捜査に活用されている。

警察庁のまとめでは、2015年中の疑わしい取引の年間受理件数は39万9508件と前の年と比べて2万1995件増加している。

## アメリカの制裁リスト

2011年、アメリカで公開されたあるリストには、日本の指定暴力団の名称がずらりと並んだ。日本最大の指定暴力団をはじめ、都内の老舗暴力団、九州の特定危険指定暴力団の幹部クラスの名前も含まれていた。

これはアメリカ財務当局が作成した「SDNリスト」と呼ばれるものである。Specially Designated Nationals and Blocked Persons の頭文字をとったもので、アメリカ国内ではこのリストに掲載された人物などとの接触が禁じられている。違反すると財務当局によって経済制裁が加えられる、国や人物のリストだ。

前述したように、日本の金融犯罪捜査は「外圧」によって強化されてきた経緯がある。外圧の中心となったのは厳格な金融ルールを持つアメリカに他ならない。

「SDNリストでこれだけ多くの日本の暴力団が名指しされたのは2011年が初めてだったのではないか。このリスト掲載を受けて日本の金融犯罪捜査、とりわけマネー・

ロンダリング捜査の体制整備に弾みがついたんだ」（警察庁関係者）

さらに2014年からは日本とアメリカの間でPCSC協定（重大犯罪防止対処協定）が結ばれた。これにより、日本警察が蓄積する暴力団データベース情報、指紋や犯歴情報などがアメリカに定期的に送られるようになった。こうしたことからSDNリストに掲載される暴力団とその関係者は、現時点でかなり増えているとみられている。

### パナマ文書とマネロン

2016年4月。国際調査報道ジャーナリスト連合によって公表された「パナマ文書」が世界中を震撼させたことは記憶に新しい。パナマ文書は、中米・パナマの法律事務所「モサック・フォンセカ」がかかわった、1970年代から40年間に及ぶ、金融資産の取引先の人物名や企業情報が記されている機密文書だ。

モサック・フォンセカの金融資産の取引はいわゆる、「オフショア」を介して行われていた。オフショアとは非居住者である外国人向けのさまざまなサービスの総称を言う。とりわけ、税金の減免で多くの外国人を呼び込んでいる。例えば、世界一のオフショアとされているのはイギリス領バージン諸島だ。2013年の海外直接投資額では920

億ドルと世界で4番目の額となっている。オフショアが「タックス・ヘイブン」＝「租税回避地」と呼ばれる理由は、国の規模に対して不釣り合いな巨額な投資額に見て取れる。

バージン諸島が選ばれる理由は、会社の設立にあたり政府の許可が要らず、事務所を設ける必要も無く私書箱だけで会社を興すことができるからだ。容易にペーパーカンパニー、匿名口座を開設することができる。モサック・フォンセカもバージン諸島で貸電話・秘書業務を代行していた。

モサック・フォンセカはオフショアの取引では世界第4位の法律事務所で、サービスを提供する地域はバージン諸島、パナマ、イギリス、オランダ、コスタリカ、マルタ共和国、キプロス、香港など。パナマ文書には合法・非合法も含めて、これらの地域を介して行なわれた取引情報が詳細に記録されている。その件数は実に1150万件。21万社以上の企業の情報が含まれているとされている。データ量にして2・6テラバイトというとてつもないデータ量で、中には46の国と地域の現職大統領や元職、首相を含めた政治家の実名も記されていて、タックス・ヘイブンとのつながりが世界中に知られることとなったのである。

タックス・ヘイブンを利用することは多くの国で合法とされ、問題はないとする意見がある一方、実態としては一種の脱税とみているのが日本をはじめとする各国の税務・警察当局だ。そしてこのタックス・ヘイブンが、日本の暴力団など犯罪組織のマネロンの温床になっている可能性は高い。パナマ文書の公開で実名が挙げられた各国の大統領らは難しい説明を迫られている。そして文書の公表がタックス・ヘイブンのいわば匿名口座の炙りだしにつながると世界中の税務・警察当局が熱い視線を送り始めたのだ。

パナマ文書の公開は、日本の暴力団への攻勢をつよめる契機だと警察庁はとらえている。オフショアでの匿名口座、非課税の制度は暴力団にとっても格好の隠れ蓑だった。今度こそ、こうした暴力団の資金の流れにしっかりとメスを入れられると警察庁関係者は期待する。

「これまで確認することが困難だった、暴力団が持つオフショアの匿名口座の中身を知ることができるようになったのは大きなアドバンテージだ。見えなかったカネの流れが見えるようになった訳だから」

## 暴力団関係者も浮上

すでにマネロン対策室にもパナマ文書解析班が設けられている。パナマ文書は115 0万件という膨大なデータだ。そこには世界各国の闇経済に関わる人物名も余すところなく記されている。解析班でもデータを入手。大型コンピュータを用いたビッグデータ分析を行なった。

こうした捜査の結果、暴力団とのつながりの一端をつかんだのである。

「Nと関係しているタックス・ヘイブンが見つかった」

班長の報告に解析班の捜査員らはどよめいたという。Nは指定暴力団幹部で、「経済ヤクザ」として有名な人物であるという。金融犯罪の知識も豊富でマネロンにも詳しく、警察当局が長年マークしていた暴力団関係者でもあった。

そのつながりは日本から数千キロ離れたインド洋上のセーシェル共和国にあった。2 014年3月にセーシェルに設立された現地法人の株主と役員がNに近い人物と判明したのである。また一時、Nの親族が経営に参画していたこともわかった。組対幹部は表情をほころばせて言う。

「法人の設立自体は適法で罪に問えるものではないが、暴力団のカネの流れの一端をつかむことができたことは大きい」

マネロン対策室は、パナマ文書の分析を引き続き進め、暴力団など組織犯罪集団との関連を調べている。

# エピローグ

２０１６年9月29日昼前。横浜・中華街は朝から騒然としていた。大量の警察官、覆面パトカーらしき多数の車。機動隊の大型バスも何台か確認できた。

そこに3台の車両が滑り込んできた。護衛役の組員にものものしく囲まれながら、それぞれ車から降りて店内に入っていったのは六代目山口組の司忍組長、稲川会の清田次郎会長、住吉会の関功会長だった。

中華街のちょうど入り口に位置する高級店にこの日、主要暴力団「ＢＩＧ３」のトップが集まったのだ。

店から少し離れた場所には、地元の神奈川県警・組織犯罪対策本部の捜査員に加えて、都内の2団体を監視している、警視庁組対4課暴力犯捜査係の一個班が視察にあたっていた。

「この暴力団サミットの開催の音頭を取ったのは六代目山口組。三者会合は2時間ほどだった。警察当局への対抗措置などについて協力関係を確認していたとみられる」（警視庁組対捜査関係者）

別の見方を示すのは、警察庁関係者だ。

「山口組が抱えている分裂問題が影響しているのだろう。神戸山口組と情報戦を繰り広げている六代目山口組にとっては、今回の会合で他の主要団体のトップクラスとも話ができるということを広くアピールするねらいがあったとみている」

１９９１年にも同様の暴力団サミットが開催されたことは前に述べた。しかし、今回のサミットは日本の暴力団の主要三者が集っていることを内外に示すことが目的だったようだ。つまりＢＩＧ３が集うことそのものに意味があったのである。

山口組の電撃的な分裂から1年以上が経過した２０１６年10月末現在、都内で両者の間に目立った動きはない。こうした中でも、警視庁組対では大規模抗争に備えて暴力団への監視を徹底的に行なっている。

「暴力団対策は警視庁のオール組対で動き出していると言ってもいい。情報収集を従来の範囲から更に拡げて、各課の持ち場を増やしている。抗争事件の内容、登場人物によって、六代目山口組は組特隊が受け持ったり、新組織は組対4課が受け持ったりと従来の担当を柔軟に替えてあたっている。それぞれの組織にパイプがある捜査員の情報力を活かせるからね。組対のどの部署も情報収集のレベル、捜査のレベルを合わせておく必要があるんだ」（組対幹部）

２０１６年10月には組対総務課の組織犯罪情報官、組対4課の広域暴力団対策官、組対3課の暴力団対策情報官を中心とした部門横断的な「特別捜査班」が設置されているという。

縦割りの解消を目的に誕生した警視庁組織犯罪対策部。発足から13年余りが経過したいま、ようやく部門間の壁が取り払われたようにも見える。

２０１６年8月、警視庁本部に花道が設けられた。音楽隊が奏でる「警視庁の歌」が響き渡る中、この日をもって警視庁を退官する幹部らが各自花束を手に、万雷の拍手の中で花道を歩み、警視庁本部を後にした。毎年、春と夏にみられる恒例の「勇退式」の場面だ。

その中に、「マル暴捜査の職人」と呼ばれた男が含まれていたことはあまり知られていない。

その職人、森田清彦（仮名）は暴力団捜査に警察官人生の大半を費やしてきた猛者である。先達から叩き込まれたこと。それは「いかに良い情報を取れるか。それを365日考えて生きろ」と鍛えられたことだと言う。

「マル暴担当に対しては暴力団幹部や息のかかった人間が忍び寄って来る。それを乗り越え、いなしながら一人前のマル暴刑事になっていくんだが、コンプライアンス重視の流れで警察官も危ない連中と付き合うなという時代になっている。一発で懲戒処分・監察の対象になってしまう。情報を取れと言っている一方で、懐に入るなというのは矛盾している」

お伝えしてきたように暴力団は警察との接触を避ける傾向を強めてきた。このためマル暴刑事たちも組員らに接触して情報を得ることが難しくなっている。

こうした事態を解消しようと、警察庁では2004年から「情報官制度」を導入して、警視庁など全国の警察の組織犯罪対策部門に、広く組織犯罪情報を収集する「情報官」を置いている。全国の警察から得られた情報は、警察庁刑事局組織犯罪対策部組織犯罪対策企画課の「犯罪組織情報官」に集約される。

しかしこの制度、現場の第一線のマル暴刑事たちからはすこぶる評判が悪いようだ。

「上司に全ての情報を上げる人間はいないと思う。自分のネタ元をさらすことになるからね。ネタ元は組織の中にいる人間が多いから、ツウ（情報漏れ）しないようにたとえ上司でも慎重にする必要がある。要はネタは抱え込んでいた方がいいということだ。上に集約しても、どうせマスコミにリークするし、逆に情報管理がどうなっているのかと疑いたくなるよ」（組対4課関係者）

最近も、情報管理が問題になったケースがある。２０１６年12月23日の読売新聞朝刊社会面（1社面）に次の見出しの記事が載った。

「『25日以降、一斉引き出し』 ＡＴＭ不正　逮捕の男、計画供述　首都圏で警戒」

記事の要旨は、インターネットバンキングの不正送金事件で逮捕された中国人の男のうちの1人が警視庁の調べに対して、「12月25日以降にＡＴＭから一斉に現金を引き出す計画がある」と供述している、というものだ。その供述に基づいて、警視庁は管内のＡＴＭを警戒することも書いてある。記事の情報源は「捜査関係者」。

この記事に対して、組対トップである内藤浩文組対部長は、「どうして出たんだ」と怒りを露わにしていたという。事件を扱っていたのは、「組特隊」だった。

「この事案については、読売以外のマスコミ各社も早くから情報をつかんでいた。各社が掲載を控える中、読売だけは事案の内容が預金者の保護に関わるとして報道すべきだと主張していた。組対幹部との折衝が続いていたみたいだが、結局書いてしまったということ」（警視庁幹部）

この後、読売新聞は組対への取材や事件レクチャーへの参加を禁じる、出入り禁止（出禁）を言い渡されている。しかし、庁内ではもとをただせば情報の漏洩元は、組対上層部だとの噂で持ちきりだったという。

「現場の捜査員は絶対にネタを漏らすことはない。大体、情報漏れは幹部からが多いんだ。マスコミに恩を売りたいという私欲がほとんどだろう」（組対捜査関係者）

この事案は、組対の情報管理の在り方を厳しく問うものとなった。

情報を吸い上げる制度と個人の情報収集力のどちらを優先するのか。警察当局が足踏みしているこの瞬間に、組織犯罪集団は巧妙に、そして地下深くで暗躍し始めている。警視庁をはじめとする警察当局の組織犯罪捜査はいま、正念場を迎えている。

# あとがき

２０１３年秋。筆者は警察関係者が集まる会合の場に同席していた。警視庁幹部を囲んでの会合だ。

幹部は別の部署に異動するにあたって、かつての「教え子」たちを集めたのだった。警視庁のみならず、他の自治体警察から集まった警部クラスの捜査員たち。みな、警察大学校で教授を務めていたこの幹部から薫陶を受けていたのだった。

幹部は警視庁に入庁後、公安部を長く経験。その後、幹部として組対に在籍。組織犯罪捜査のエキスパート・指揮官として活躍してきた。

会合には教え子である「組対総務課」「組対2課」「組対3課・暴力団対策情報室」の組対を背負って立つ警部クラスの捜査主任官たちも顔を揃えていた。

「対象となる組織の情報を取るためには警視庁の総合力を高めなくてはいけない。そのための組織犯罪対策部でなくてはいけない」

幹部は熱く語っていた。


「少しでも国民への影響が及ぶような抗争事件を起こしたら、特定抗争指定・危険指定団体にしていく」


2016年9月。自室に筆者を招いてくれた警察庁幹部は力強く語った。

山口組が2015年に分裂し、暴力団の勢力図は大きく変わった。抗争事件も警察当局がにらみを利かせていることから大規模な事件は発生していない。

更なるにらみを利かせるため、警察当局は「武器」を着々と備えている。通信傍受の拡大、司法取引制度が近く導入されるほか、将来的には潜入捜査や共謀罪の導入を目指している。


幹部の薫陶を受けた警視庁組対部の精鋭たちは、所轄署や警察庁への出向を経て、2016年秋までに再び警視庁に戻ってきている。

「マル対を引き続き追尾されたい――」

幹部の教え子の1人でもあるマル暴刑事が無線で一斉に告げた。刑事が率いる捜査班は、ある暴力団幹部の動向を徹底的にマークしている。大規模な衝突が発生する可能性が低いとされる一方で、水面下の動きは活発だ。組織犯罪も目に見えない部分が年々拡大してきている。

こうした追尾・行動確認は、組織の中枢の摘発につなげる情報を得るためだとマル暴刑事は明かす。

情報戦を制するのは警視庁か、暴力団か。静かな戦いはいまこの瞬間も続いている。

今井 良　1974(昭和49)年千葉県生まれ。中央大学文学部卒業。1999年にNHK入局。2009年に在京民放テレビ局に移籍。警視庁記者クラブキャップなどを務める。著書に『警視庁科学捜査最前線』。

Ⓢ新潮新書

727

マル暴捜査（ぼうそうさ）

著者　今井 良（いまい りょう）

2017年7月20日　発行

発行者　佐藤隆信

発行所　株式会社新潮社

〒162-8711　東京都新宿区矢来町71番地
編集部(03)3266-5430　読者係(03)3266-5111
http://www.shinchosha.co.jp

印刷所　錦明印刷株式会社

製本所　錦明印刷株式会社



ISBN978-4-10-610727-6　C0236

価格はカバーに表示してあります。

新潮新書



「犯罪ビッグデータ」とは何か？ 逆探知はどこまで可能？ 科捜研、鑑識の仕事内容は？ 最近の事件をもとに一線の記者が舞台裏まで徹底解説。犯罪捜査の最前線が丸ごとわかる一冊！

こんなにおもしろい組織はない――ドラマとのちがいは？ 〝敏腕刑事〟の条件とは？ 捜査の心得は？ 警察庁とは何か？ キャリア出身の作家だから書けた〝超絶リアル〟な巨大組織。

話が通じない相手との間には何があるのか。「共同体」「無意識」「脳」「身体」など多様な角度から考えると見えてくる、私たちを取り囲む「壁」とは――。

初めて発見された詳細な記録から浮かび上がる幕末武士の暮らし。江戸時代に対する通念が覆されるばかりか、まったく違った「日本の近代」が見えてくる。

この世の中、どこを見ても「裸の王様」だらけだ。政治、経済、国際問題から人生論まで、はびこる偽善を身ぐるみ剝ぎ取る。たけし流社会批評の集大成。